支援スタッフで学校は変わるのか

教員との協働に関する実態調査から

樋口修資・青木純一・坪谷美欧子［編著］

アドバンテージサーバー

はじめに

　これからの学校は、校長のリーダーシップの下に、教員や事務職員とともに、多様な専門性をもった職員や外部支援スタッフが連携・協力して学校運営を行っていく必要がある。こうした「チーム学校」の実現により、教員が本来的に担うべき業務に専念し、子どもと向き合う時間を確保することができるとともに、教員の多忙化縮減も図られる。また、いじめ・不登校など生徒指導上の課題や特別支援教育あるいは外国につながりのある子どもたちへの教育指導の充実への対応など学校の抱える課題が複雑化・多様化するとともに、貧困問題への対応など学校に求められる役割も一層拡大している。こうした教育上の様々な課題に適切に対応していくためには、心理・福祉をはじめ様々な専門性をもった外部支援スタッフの導入配置を進め、これら外部支援スタッフと連携協力する学校の組織運営体制の整備などにより次世代型の学校づくりを進めていくことが求められている。

　本書は、このような問題意識をもって、学校の教職員と支援スタッフとの連携協力の在り方について、教職員と支援スタッフとの連携協力の実情と課題、支援スタッフの雇用・勤務環境の現状と課題、教員の多忙化縮減をめざす上での課題などに視点を置きつつ、調査研究した成果を取りまとめたものである。この調査研究は、①全国的規模で実施した「教員の勤務環境と支援スタッフに関する実態調査」、②スクールカウンセラー、学校司書、部活動指導員などへのヒアリング調査、③公立学校教員の勤務環境及び支援スタッフの配置状況等に関する海外調査（英国・ドイツ）により構成されており、その結果を第2章以下で読者にわかりやすく解説したものである。

3

本書が教員はもとより支援スタッフの皆様や学校教育に関心をお寄せ下さる読者の方々に広く読まれ、教員の多忙化の縮減と支援スタッフの配置拡充と雇用・勤務環境の改善充実につながることを切に願うものである。

2018 年 3 月

著者一同

目次

はじめに 3

第1章 支援スタッフをめぐるこれまでの経過 8

第2章 支援スタッフの現状と課題 15
―3職種へのヒアリング調査から―
第1節 本章の目的 15
第2節 スクールカウンセラー 16
第3節 学校司書 23
第4節 部活動指導員 30
第5節 本章のまとめ 38

第3章 教職員と支援スタッフとの協働 40
―小中学校における質問紙調査から―
第1節 本章の目的と調査の概要 40
第2節 支援スタッフの勤務環境の現状と課題 45
第3節 支援スタッフの配置状況と教員の業務負担との関連 58
第4節 学習支援員にみる「チーム学校」の意義と課題 69

第4章 諸外国における支援スタッフの現状 79
第1節 英国の支援スタッフ問題 79
第2節 ドイツの支援スタッフ問題 87

おわりに 98

付録

1 教務主任用質問紙 100

2 学年代表用質問紙 110

3 支援スタッフ用質問紙 117

執筆者一覧

樋口　修資（明星大学教授）　　　　　　　　第1章、第4章（第1節）

青木　純一（日本女子体育大学教授）　　　　第2章（第1節・第5節）

坪谷　美欧子（横浜市立大学准教授）　　　　第3章（第1節）

前原　健二（東京学芸大学教授）　　　　　　第4章（第2節）

須藤　康介（明星大学准教授）　　　　　　　第3章（第4節）

神林　寿幸（独立行政法人教職員支援機構 研修特別研究員）

　　　　　　　　　　　　　　　　　　　　第3章（第3節）

前田　麦穂（東京大学大学院教育学研究科博士課程・日本学術振興会特別研究員）

　　　　　　　　　　　　　　　　　　　　第3章（第2節）

岩澤　政和　（元神奈川県教育文化研究所 所長）　第2章（第4節）

佐野　朝太郎（元一般財団法人神奈川県教育福祉振興会 事務局次長）

　　　　　　　　　　　　　　　　　　　　第2章（第3節）

中野　早苗（ＮＰＯ法人神奈川県スクールカウンセラー協会理事）

　　　　　　　　　　　　　　　　　　　　第2章（第2節）

付記

● 本書の分析結果の解釈や見解は、すべて執筆者個人によるものである。

● 本書の執筆に際しては、共同研究者である堀内正志氏（横須賀市長井
　中学校統括事務主査）の協力があった。

第1章　支援スタッフをめぐるこれまでの経過

1　支援スタッフ導入の背景

　日本の学校は、これまで教職員中心の組織であり、学校運営は、校長を中心としてすべての教職員がその職務と責任を十分に自覚して一致協力して行われるべきものとされてきた。

　しかしながら、社会経済の変容などに伴い学校をとりまく課題が山積するとともに、学校が抱える業務の複雑・多様化が進む中で、これまでのように教職員中心の組織運営を行っていくことが次第に困難なものとなってきた。また、近年、学校の役割の増大化と教員の業務の膨大化に伴い、教員の多忙化は深刻な状況にあり、多忙化の解消のためには、教員が本来的に担うべき業務に専念できるよう、教員の業務を精選し、教員以外の他職種に業務を移行することが求められるようになってきた。

　これらを背景にして、多忙化縮減をめざす学校と外部支援スタッフの連携協力の在り方が教育上の大きな政策課題として浮上してきた。学校が抱える教育課題に適切に対応していくために、様々な職種の支援スタッフを学校に導入することについて文部科学省の中央教育審議会等では以下のような審議検討が行われ、逐次具体化が進められることとなった。

　まず、1996 年中教審答申『21 世紀を展望した我が国の教育のあり方について』では、「外国語指導助手（ALT）や情報処理技術者（SE）の増員を図るなど、社会人の活用を一層促進する。……今、学校は、いじめや登校拒否の問題をはじめ、心と体の健康の問題など、様々な角度か

ら、対処しなければならない教育課題に直面している。こうした様々な教育課題に対処するためには……学校医、学校歯科医、学校薬剤師、スクールカウンセラー、市町村の教育相談員などそれぞれの分野で専門知識を持つ専門家とも積極的に連携し、チームを組んで、これらの教育課題に対処することが重要」と指摘され、学校に社会人や地域人材の活用の促進が提言された。

その後2008年中教審答申『幼稚園、小学校、中学校、高等学校及び特別支援学校の学習指導要領等の改善について』では、「教師が子どもたちと向き合う時間を確保することが必要である。このため、……外部人材の活用や地域全体で学校を支援する体制の構築なども求められる」と提言された。

これを受けて、2013年中教審答申『第2期教育振興基本計画について』では、「学校の教職員だけで義務教育段階におけるすべての課題を解決することは困難であり、これまでも外部人材の参画の促進……などの各種方策を講じ、導入事例は着実に増加しつつあるが、全国的には未だ普及の途上である。……地域の実情に応じて学校内外の様々な知恵・資源を取り入れていくことにより、学校等の在り方も、……多様な人が集まり協働し創造する学びの拠点として深化させていくことが期待される」と提言された。

同年、政府の策定した『第2期教育振興基本計画』では、「多様な経験、専門性をもった地域人材や外部人材による学校教育への支援や参画を促すための必要な支援を講じる」ことが提言され、「スクールカウンセラーやスクールソーシャルワーカー等の外部専門家の活用など教育相談体制の整備を支援する」、「特別支援教育支援員を含めた教職員体制の整備について検討し、必要な措置を講じる」、「地方公共団体に対し、ICT支援員……の配置を促す」、「学校図書館担当職員の配置促進等により、

本と子どもをつなぐ人的体制の一層の充実を図る」、「外国人児童生徒等に対するきめの細かい指導・支援体制を整備するため……教員や支援員の確保及びその資質の向上等に取り組む」など、支援スタッフの配置促進について必要な措置を講じることが盛り込まれた。

このような経緯を経て、今日、国の財政支援も活用しつつ、学校への支援スタッフの配置充実が進められることとなったが、この背景には、多様化・複雑化する教育課題への対応のため、支援スタッフを活用することが必要であるとの国の教育政策の転換があったといえよう。

2 支援スタッフ導入の状況と制度上の位置づけ

学校教育法第37条では、学校に必要な職員についてその種類と各職員の職務について規定している。学校教育法上、学校には、校長、教頭、教諭、養護教諭、事務職員の5つの職を必ず置かなければならない（必置職員）とし、これらの職員は学校の基幹的職員に位置づけられている。また、学校には、副校長、主幹教諭、指導教諭、栄養教諭などの職を設置者の判断で置くことができる（任意設置職員）。

学校には、学校教育法に定める職員のほか、法令上規定のない非常勤の職員（支援スタッフ）が配置されている。これら支援スタッフの配置は、これまで国の「委託事業」、「国庫補助事業」あるいは「地方単独事業」として実施されてきた。学校に配置される支援スタッフのうち、資格等を有する専門スタッフとしては「スクールカウンセラー」、「スクールソーシャルワーカー」、「外国語指導助手（ALT）」、特別支援教育における「看護師」などが挙げられる。そのほか、「児童生徒の学習支援のための指導員や学習サポーター」、「理科の観察実験補助員（PASEO）」、「ICT支援員」、「特別支援教育支援員」、「外国人児童生徒支援員」、「学校図書館担当職員」、「運動部活動外部指導者」、「スクール

ガードリーダー」、「スクールヘルスリーダー」、「教育相談員」などが挙げられる。

これら支援スタッフのうち、学校司書については、2014年の学校図書館法の改正により、学校には専ら学校図書館の職務に従事する職員（学校司書）を置くよう努めなければならないこと（第6条）とされた。また、スクールカウンセラー及びスクールソーシャルワーカーについては、2017年の学校教育法施行規則の改正により、それぞれ、「児童の心理に関する支援に従事する」（第65条の2）、「児童の福祉に関する支援に従事する」（第65条の3）と規定され（中学校に準用）、法令上、その職務が明確にされた。さらに、部活動指導員についても、「中学校におけるスポーツ、文化、科学等に関する教育活動に係る技術的な指導に従事する」（第78条の2）と定められ、教員の部活動指導の負担を軽減する役割が期待されることとなった。このように、従来、法令上規定のない支援スタッフについても、その職の重要性を踏まえ、法令上の位置づけが明確化される動向にあることがわかる。

3 「チーム学校」と支援スタッフの役割

今日、教員の多忙化の解消が喫緊の課題となっているが、諸外国の教員の業務が主に授業に特化しているのに対し、日本では、教員が、教科指導、生徒指導、部活動指導等を一体的に行うことが特徴となっており、こうした学習指導・生徒指導等に加え、複雑化・多様化する教育課題が教員に集中し、授業等の教育指導に専念しづらい状況になっている（2016年文科省業務改善タスクフォース提言）ことが教員の長時間労働の背景にあることがわかる。

このため、教員の多忙化の縮減とも関連して、教員の業務を見直し、教員が本来的に担うべき教育指導などの業務に専念できるような体制の

構築を図るため、2014年、文部科学大臣は中教審に対し『これからの学校教育を担う教職員やチームとしての学校の在り方』について諮問を行った。諮問理由では、「従来よりも複雑化・多様化している学校の課題に対応していくためには、学校組織全体の総合力を一層高めていくことが重要であることから、教員としての専門性や職務を捉え直し、学校内における教職員の役割分担や連携の在り方を見直し改善していくとともに、教員とは異なる専門性や経験を有する専門的スタッフを学校に配置し、教員と教員以外の者がそれぞれ専門性を連携して発揮し、学校組織全体が、一つのチームとして力を発揮することが求められています」と述べ、支援スタッフなどとの連携協力によるチーム学校づくりを推進することの重要性が指摘された。

　2015年中教審から答申された『チームとしての学校の在り方と今後の改善方策について』では、いじめや不登校等の生徒指導上の課題や特別支援教育の充実への対応など学校の抱える課題が複雑化・多様化するとともに、貧困問題への対応など学校に求められる役割が拡大する中で、心理や福祉等の専門性が求められていることから、こうした課題解決のための体制整備が必要である旨提言された。また、日本の教員は学習指導、生徒指導、部活動等、幅広い業務を担い、子どもたちの状況を総合的に把握して指導しているものの、欧米諸国と比較して教員以外の専門スタッフの配置が少なく、また、国際的にみても日本の教員の勤務時間が断トツに長いことから、子どもと向き合う時間の確保等のための体制整備を図る必要があると提言された。

　「チーム学校」では、教員は本来的に行うことが期待されている業務に専念し、これ以外の業務として①教員に加え、専門スタッフ等が連携分担することで、より効果を上げることができる業務、②教員以外の職員が連携分担することが効果的な業務、③多様な経験を有する地域人材

等が担うべき業務などについては、事務職員はもとより支援スタッフの配置を進め、これらの役割を担うことが求められている（14ページ図表参照のこと）。このような教員と教員以外の役割分担及び外部支援スタッフの配置充実を通じて、複雑化・多様化する教育課題に対応できる体制を整備するとともに、支援スタッフとの連携協力による効果的な業務の遂行が図られるといえよう。

　ただし、支援スタッフの導入だけで直ちに教員の多忙化を縮減できるものではなく、また、支援スタッフとのコーディネートを行う教員がきちんと配置されない限り、かえって、様々な支援スタッフとの打ち合わせ・調整等の業務負担を教員が担うこととなり、教員の負担が増大するおそれがあることには十分留意すべきであろう。

　また、「チーム学校」の実現に向けて、教職員と支援スタッフとの連係協力を推進し、複雑・多様化する教育課題に適切に対応できる学校の組織体制を整備していく上で、支援スタッフの雇用・処遇の改善充実や学校における勤務環境の改善を図ることは大きな課題であることを指摘しておきたい。

（樋口修資）

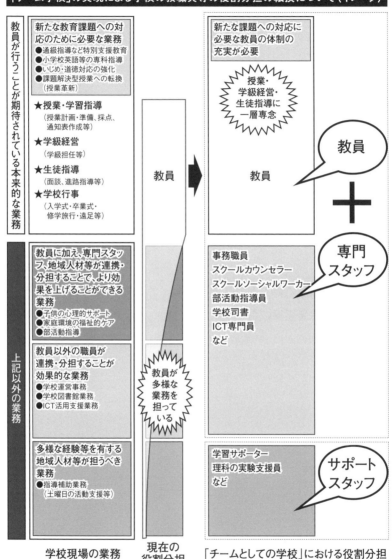

文部科学省作成資料（2017）より再作成

第2章　支援スタッフの現状と課題
―3職種へのヒアリング調査から―

第1節　本章の目的

　第2章では、スクールカウンセラー、学校司書、部活動指導員という3職種の支援スタッフについて掘り下げて検討する。第3章で扱う学習支援員は、その中に特別支援教育支援員を含む場合や学習サポーターのような支援的活動に限定する場合と、その役割が多様である。本来であれば、こうした点に配慮してよりていねいな学習支援員からのヒアリングを実施すべきであったが、時間上の制約から実施できなかった。それは日本語指導員の場合も同じである。そのため本章は学習支援員と日本語指導員に関する項を除いている。支援スタッフは、このほかにもスクールソーシャルワーカー、ICT支援員、理科支援員など幅広くあるが、こうした支援スタッフへの聞き取りも今後の大きな課題である。さて、各支援スタッフの現状を知るために、本章では以下の4項目に絞って検討した。

◎支援スタッフ導入の経緯

　　支援スタッフを導入した経緯である。スクールカウンセラーのように、かなり早い時期から導入したケースがある一方、近年の学校や社会の変化を受けて、より必要度が増したケースもある。このほかにも学校が抱える課題以上に、景気対策や雇用対策として支援スタッフを

15

配置したケースもある。

◎支援スタッフの配置状況

　支援スタッフは地域や学校によってその名称や仕事の中身が異なっている。また自治体ごとに勤務条件や職場環境が違う場合、さらに詳細に分析するとその財源さえ自治体によって異なる。そこで、勤務条件や職場環境、また財源等の現状を探るとともに、本研究会メンバーが実施した神奈川県調査なども紹介する。

◎ヒアリング調査から

　支援スタッフごとにヒアリングを実施した。調査場所は、中部地方と関東地方の1県を対象に計3回である。それぞれ2人～3人の支援スタッフから2時間程度のヒアリングを行った。その結果、質問紙調査では汲み取ることの困難な支援スタッフの本音や働き方の様子を聞き取ることができた。

◎まとめと課題

　最後に、それぞれの支援スタッフの特徴やヒアリングで着目したこと、これからの課題をまとめている。　　　　　　　　　　　（青木純一）

参考・引用文献

カリキュラム総合改革委員会（2016）『神奈川県におけるサポートスタッフの現状と課題』神奈川県教育文化研究所.

第2節　スクールカウンセラー

1　導入の経緯

　1994年、愛知県の中学生男子がいじめを苦に遺書を遺して自殺したといういたましいニュースが流れ、それに背中を押されるように、全国

で多くの中高生の自殺が相次いだ。一方では、内閣府の『平成26年版子ども・若者白書』によれば、不登校児童生徒数は年々増加していて、1994年には6万人に迫っていた。そんな背景のもと、翌1995年、当時の文部省の活用調査研究委託事業として、スクールカウンセラー（SC）は導入された。

神奈川県を例にとると、1995年度の活用調査研究指定校は高校1校と中学校2校の合計3校で、以後研究指定校数は、16校、33校、56校と毎年拡大した。

2001年度からは、文部科学省の活用事業補助と名を変え、全国の公立中学校全校配置をめざし、さらに2019年度までに全公立小学校にも配置することが目標とされている。

研究委託事業であった時は、民間資格である臨床心理士資格取得者であることが任用条件であり、勤務形態は週1日8時間で年間35週勤務、年間合計280時間勤務というものだった。財源は全額国庫だったが、活用事業補助となったのを契機に国庫負担率が2分の1、後には3分の1になったので、各自治体の財政や予算方針の影響で、SCの人選や勤務形態に地域差が生まれている。呼称についても、"学校カウンセラー"等の別の呼称を用いる自治体もある。

2 配置状況

文部科学省の報告『教育相談等に関する調査研究協力者会議　児童生徒の教育相談の充実について－生き生きとした子どもを育てる相談体制づくり－（報告）2 スクールカウンセラーについて』（文科省、2007）によると、2006年度には、全国の中学校7,692校（全体の約75%）に配置されるとともに、中学校を拠点として小学校1,697校、高等学校769校にも配置されていた。

ただ、年間勤務時間数や時給は自治体によって異なっており、研究委託事業であった時よりも時間数・時給ともに下げている自治体がほとんどだ。資格要件については、臨床心理士資格のない者を"準ずる者"として、時給に差をつけて一定の割合で雇用している自治体が多いが、一部では臨床心理士資格だけでなく、その他の心理系資格も一律に資格として認めている自治体もある。

　各自治体の独自予算を使って SC を増員し、小学校に配置している自治体もあれば、年間 250 時間未満の勤務時間の中で、中学校と近隣の小学校複数校を 1 人の SC が担当する自治体もある。

　交通費は全額支給を基本とするが、上限が設けられていて全額支給されない自治体もある。

3　ヒアリング調査から

　A 県で SC として勤務する 2 人に聞き取り調査にご協力いただいた。2 人はともに臨床心理士資格をもち、SC 歴が 10 年以上で、SC のほかに医療機関・福祉機関・教育相談機関などでの勤務歴がある。以下は 2 人からの聞き取りをまとめたものである。

① A 県の SC 配置状況

　A 県では県内の公立中学校を拠点校と対象校に分け、拠点校 1 校あたり年間 280 時間としている。1 人の SC は拠点校の中学校 1 校と対象校の小中学校数校を 280 時間の中で担当する。つまり、SC が公立中学校全校に配置されているとはいっても、1 校あたり SC が勤務する時間数は平等ではない。同じ中学校でも、対象校は拠点校よりも SC が勤務する時間が少なくなっている。

　A 県では県立高校にも SC を配置している。県立高校は 1 校あたり年間上限 60 時間。この年間配当時間は使いきらない場合もある。県で

は追加配当分の予算をある程度取ってある。そこで、生徒の事故や死亡などの緊急対応があった場合には、時間数の追加配当が可能になっている。

②設備面でのSCの受け入れ態勢

中学校にはほとんど「相談室」とされる部屋があるが、兼用の場合もある。小学校や高校には相談のための部屋がなく、その時その時に空いている部屋を使うことが多い。冬場に冷えきった部屋で面談をしなければならないこともある。中学校の相談室の充実度、たとえばエアコンがあるか、非常時に職員室に連絡できる内線などの設備があるか、非常時の逃げ道があるかなどは、学校によって差がある。

③SCという雇用形態の現状

基本は一日8時間勤務だが、時と場合により残業しなければならないことがある。超過した分はできる限り後の勤務日に相殺するなど工夫しているが、年度末に近づくと調整ができないので、サービス残業になってしまうことがある。

拠点校と対象校は近隣の地域の中で組んでいるわけではなく、学校規模で組み合わせているようで、対象校の一部への通勤が遠距離になる場合があるが、支給される交通費には上限があるため、全額は支給されていない。

要綱上は年休が設定されているが、実際に年休を取ろうとしたら、「前例がない」と言われ、取ることができなかった。

年間勤務時間数を児童生徒が登校する日に割り振るので、夏休みなどの長期休業期間には勤務がない。そのため、9月はほとんど収入がない。

契約は1年毎の更新で、年度末ぎりぎりまで次年度雇用されるのかどうかが分からない。

社会保険がないので、国民健康保険と国民年金を全額自己負担で掛けているのみで、老後の支給額はとても十分とは言えない。

高校は上限時間が決まっていて、相談があると呼ばれる形なので、高校のために時間を空けておいても、実際には仕事が入らない場合があり、収入が不安定である。

④ SC の仕事の内容について

SC の仕事は児童生徒や保護者との面談だけではない。授業の見学、職員室や保健室での教員からの聞き取り、教室に行けず別室に登校している児童生徒のところに出向いて話すこと、発達検査をすること、ケース会議に出席することのほか、SC の活動の広報のためにポスターや通信を作成したり、市や県への報告書を書いたりといった事務仕事もある。そのため、面談が勤務時間いっぱいに入っていると、当然残業せざるを得なくなる。

同じ SC が複数校に勤務している場合、ある学校では大いに活用されるが、別の学校ではほとんど活用されないということがある。その原因は、学校ごとに児童生徒や保護者のニーズが違うということもあるが、学校側の SC を活用する仕組みの違いが大きいと感じる。SC の活用の窓口になるのは通常コーディネーターを任じられている教員だが、コーディネーターが機能しているかどうかが、SC の活用のされ方に大きくかかわってくる。コーディネーターが機能していると、情報交換の場を設定してくれるほか、ニーズのある児童・生徒・保護者や教員を、うまく SC につなげてくれる。逆に機能していないと、ニーズがあっても SC までつながらないばかりか、SC が勤務する日であること自体が忘れられていたり、校内での伝達事項が SC に伝わらなかったりということさえある。SC の側も、学校に上手にかかわっていくスキルを磨いていく必

要があるが、不完全だとしても窓口が開いていれば何とかなるが、窓口が完全に閉じていたら、SCからはどうにもならない。コーディネーターが機能していない学校では、たいてい養護教諭と連携するようにしている。

⑤**今後に向けて要望したいこと**

[SC の研修・指導について]

　　学校で働くカウンセラーは、心理学的な知識だけでなく、教職員とうまくつながる力をつける必要がある。その意味で、SC は心理職の中でも特殊な分野と言える。研修・指導を受けるにしても、心理学の理論的な部分だけでなく、学校で働くという実務的な部分での研修・指導も受けられるようなシステムが必要だと思う。

[交通費について]

　　A 県の交通費の支給基準は、遠距離通勤には対応していない。通常の非常勤雇用では遠隔地在住者を雇用しないためである。それをそのまま SC にも適用しているのだろうが、実際には基準を超える遠距離の学校に勤務している場合があり、超えた分は自己負担になってしまう。年度当初、遠い学校にはできるだけまとめて相談を入れてほしいとお願いしたが、「今日は保護者面談 1 件だけです。また数日後に来てください」とあっさり言われてしまったことがある。交通費が全額出ないという実情を学校側は知らないのかもしれない。せめて交通費は全額支払われるようにしていただきたい。

[社会保険及び福利厚生について]

　　社会保険をつけていただきたい。年休は要綱通り実際に取れるようにしてほしいし、療休もあったらと思う。年休も療休もないため、病気やケガでも無理をして勤務せざるを得ない。平日に通院する時間をとることも難しい。長く休まなければならなくなったら辞めざ

るを得ず、治療費がかかる上に失業保険もない。少しでもからだを壊したら、積み上げてきた経験もスキルも途絶えてしまうのが現状だ。

[緊急支援について]

　児童生徒にかかわる事件や事故があると、緊急支援要員として突発的に呼ばれることがある。予定外の要請なので、都合を訊かれるだけでも軽い負担感があり、勤務した後はさらなる負担感がある。緊急支援にはもう少し安定したシステムがあるといいと思う。

4　まとめと課題

　SC を有効に活用するための学校の態勢が、ハード面ソフト面ともに整っているとは言えない状況がある。そして最も大きな課題は、雇用の不安定さだろう。SC を長く続けることができるのは、経済的に心配のない、比較的恵まれた人に限られてしまう。このままでは、若い人が職業として SC を選択することができない。前述したように、SC は学校という場の性質・役割・限界をよく理解している必要があり、心理職の中でも特殊である。SC を長く続ける人がいなければ、学校で働く心理職のスペシャリストが育つはずもない。SC の質を担保するためには、雇用の安定化が不可欠であろう。

　ちなみに、長野県軽井沢町のスクールサポーターは、SC と同様の業務を行う常勤職員である。雇用の安定が実現しているということは、町民にとっても継続的に相談にのってもらえる心理職がいるということであり、効果を上げているという事例は、大いに参考になるのではないだろうか。

（中野早苗）

第3節　学校司書

1　導入の経緯

　学校図書館担当職員いわゆる学校司書は、古くから高等学校を中心に配置されていたようで、全国学校図書館協議会の1960年調査によると、配置率は小学校8.7%、中学校14.6%、高等学校63.0%で、その内約7割がいわゆる「PTA雇用」であった。

　その後、表1のように国による学校図書館の充実に向けた様々な施策が実施されたが、学校司書の配置については財政措置や法的根拠がないまま市区町村財源等により拡充されてきた。

　そして「第4次学校図書館図書整備5か年計画」(2012年度〜2016年度)で初めて図書の整備等単年度約215億円の他に、学校司書配置に単年度約150億円の地方財政措置が行われた。これは、1週当たり30時間の職員をおおむね2校に1人程度配置することが可能な規模で、学校司書の配置を促すものであった。また、「第5次学校図書館図書整備等5か年計画」(2017年度〜2021年度)において学校司書配置には単年度約220億円が措置されることとなった。

表1　主要な施策等一覧

1953 年	「学校図書館法」制定
1993 年	「学校図書館図書標準」を文部科学省が提示
1993 年度～ 1997 年度	「第1 次学校図書館図書整備5か年計画」、図書整備に総額約500億円地方財政措置
1998 年度～ 2001 年度	図書整備に単年度約100億円から110億円を地方財政措置
2001 年	「子どもの読書活動の推進に関する法律」制定
2002 年度～ 2006 年度	「第2 次学校図書館図書整備5か年計画」、図書整備に総額約650億円地方財政措置
2005 年	「文字・活字文化振興法」制定、学校教育における環境整備を図るため、司書教諭とともに学校図書館に関する業務を担当する人的整備等に関する施策を国や自治体に要請
2007 年度～ 2011 年度	「第3次学校図書館図書整備5か年計画」、図書整備に総額約1,000億円地方財政措置
2012 年度～ 2016 年度	「第4次学校図書館図書整備5か年計画」、図書整備に総額約1,075 億円、学校司書配置に総額約750億円地方財政措置
2017 年度～ 2021 年度	「第5次学校図書館図書整備等5か年計画」、図書整備に総額約1,250 億円、学校司書配置に総額約1,100億円地方財政措置

2　配置状況

　こうした中で、表2のとおり学校司書の配置率は文部科学省による「学校図書館の現状に関する調査」が開始された2005年度は、小中学校ともに約3割であったものが、2016年度には約6割に増加している。しかし、常勤の配置率は小中学校共に低い。なお同調査によると、都道府県別配置率は10％未満から100％まで分散している。

表2　公立小・中・高等学校学校司書配置状況

	2005年度	2006年度	2008年度	2010年度	2012年度	2014年度	2016年度
小学校	31.5%	32.8%	38.2%	44.8% (9.5%)	47.9% (8.0%)	54.5% (9.8%)	59.3% (12.1%)
中学校	32.5%	33.7%	37.8%	45.2% (10.4%)	47.6% (9.6%)	52.8% (11.2%)	57.3% (13.6%)
高等学校	76.1%	74.6%	74.2%	73.3% (63.8%)	71.0% (62.0%)	66.5% (57.7%)	66.9% (55.4%)

※配置率は各年度5月1日現在で、学校司書配置校数/学校数、( )内は常勤の学校司書配置率
出典）文部科学省「学校図書館の現状に関する調査」

　制度整備等については、1953年に制定された学校図書館法により、学校図書館の必置義務と司書教諭の配置を定めたが猶予が認められ、1997年の一部改正でようやく、11学級以下の学校を除き、配置猶予期間を2003年3月31日までとした。

　そして、学校司書については、2014年の一部改正（2015年4月1日施行）により、第6条第1項で「学校図書館の運営の改善及び向上を図り、児童又は生徒及び教員による学校図書館の利用の一層の促進に資するため、専ら学校図書館の職務に従事する職員（学校司書）を置くよう努めなければならない」、第2項で「国及び地方公共団体は、学校司書の資質向上を図るため、研修の実施その他必要な措置を講ずるよう努めなければならない」と規定し、附則で学校司書としての資格の在り方、その養成の在り方等について検討を行い、その結果に基づいて必要な措置を講ずると明記した。

　2015年12月に中央教育審議会は「チームとしての学校の在り方と今後の改善方策について」を答申し、学校司書を授業等において教員を支援する専門スタッフとして位置づけ、国、教育委員会は、資格・養成の在り方の検討や研修の実施など、学校司書の専門性を確保する方策を検討・実施するとともに、その配置の充実を図るよう提言した。

また、2016年10月には、学校図書館法の改正を受けて、学校図書館の整備充実に関する調査研究協力者会議が「これからの学校図書館の整備充実について」を報告した。この中で学校司書は学校図書館を運営していくために必要な専門的・技術的職務に従事するとともに、学校図書館を活用した授業やその他の教育活動を司書教諭や教員と共に進めると提言。具体的には、児童生徒や教員に対する「間接的支援」、児童生徒や教員に対する「直接的支援」、教育目標を達成するための「教育指導への支援」を職務の内容とし、あわせて資格・養成の在り方、大学等におけるモデルカリキュラム等を示している。

3　ヒアリング調査から

　B市小学校に勤務する学校司書Dさんと、C市中学校に勤務する学校司書Eさんのヒアリングを行った。表3のとおり勤務時間数はB市の方が多く、職務内容については「授業への支援」等が加わっている。

表3　B市とC市における学校司書の勤務条件等

	B市	C市
配置	全校配置	全校配置
勤務時間	◎週5日（1日5～6時間） ◎年間175日（1,015時間を上限）	◎週12時間 ◎1日4時間勤務で週3日が一般的
報酬等	時給1,100円（交通費なし）	月額50,000円（交通費補助あり）
手当等	時間外勤務手当なし、出張旅費なし	時間外勤務手当なし、出張旅費あり
資格要件	なし	なし
年次休暇	年10日	なし
主な業務内容	◎司書教諭の補佐 ◎学校図書館の蔵書管理・環境整備 ◎本の貸出・返却作業、レファレンス ◎学校図書館を活用した授業への支援、資料収集 ◎児童生徒の図書委員会、学校図書館ボランティア、他機関との連携	◎資料の保管に関すること ◎資料の分類や目録の整備に関すること ◎資料の児童生徒教職員への利用に関すること ◎資料の修理や製本に関すること ◎その他、学校図書館業務に関し学校長が認める業務

※記載内容は募集要項等からの抜粋で、要約して掲載している。

①業務の実態

　（Dさん）教育委員会により、授業支援についての研修が重点的に行われるなど、授業支援機能や役割が求められている。日々の業務でも図書館の環境整備等に加え、多くの時間が授業支援に費やされ、勤務時間内に処理しきれない。授業支援の準備や図書の選定等は家でやることが多い。

　（Eさん）図書館の環境整備が中心的な業務であるはずが、現実には購入図書の選定作業の責任者とされており、その負担が大きい。配当予算が多く図書の購入冊数が600冊以上にもなるため、図書の選定等について実質的に責任を担っていることから負担が大きく、勤務時間内には処理できず持ち帰り仕事となっている。

　ただし、両市とも学校により業務量や業務内容がかなり違うとのことであった。

②司書教諭・教員との連携

　（Dさん）授業支援などを通じて教員とのコミュニケーションは比較的とれている。図書の購入などは司書教諭に相談するが忙しく、ほぼ任されている。読み聞かせボランティアとの窓口になっており、そこでの問題等は管理職に報告をする。図書委員会の児童の面倒もみているが、担当の教員が忙しく相談する時間がとれない。授業支援の連絡調整は授業が終わる時間にならないとできず、時間を合わせることが難しい。授業支援の依頼が直前になることも多く、教員からの個別的な依頼になっている。

　（Eさん）司書教諭が担任を兼務していて忙しく、立ち話程度しか時間がとれない。図書の選定等について窓口として相談するのは司書教諭であるが、他の教員からいろいろな注文がつくこともある。命令系統が混乱しているように思う。

③教員の負担軽減

（Dさん）図書の読取りコードが重複してしまって貸出の管理ができなくなったのを整理し、保存データが消失したのを入力し直したが、教員の負担軽減になったと思う。授業支援は教員の要請にできる限り応えている。教室外登校児童の見守りをすることがある。

（Eさん）図書の選定は、かつては司書教諭がやっていて大変だったと聞いている。よって司書教諭の負担は軽減できていると思う。教室外登校生徒の見守りをすることがあり、教員の負担軽減になっていると思う。

（Dさん、Eさん）図書室や図書の貸出し管理、図書台帳及び図書の整理・廃棄等、司書教諭や教員が分担していた業務の負担軽減は両校共通の改善点である。なお、教室外登校児童・生徒の見守りや児童・生徒による清掃の監督等については、学校司書の職務としてどこまで可能か不安を感じている。

④勤務環境等

（Dさん、Eさん）両校とも、教育委員会が示している勤務時間や業務内容について、教職員が十分理解していないのではと思われる。また、司書教諭が多忙なため、学校全体の図書館活用計画や連絡調整などが十分行われていない状況である。

また、職員室ないし事務室に机はあるが、非常勤雇用のため、パソコンによる市のサーバーへのアクセスが制限されており、発注やメールでの連絡、教育委員会等への書類の提出などが不便である。

⑤要望

（Dさん）研修に係る出張旅費の支給を望む。

（Eさん）パソコンでの蔵書管理、命令系統の整理、関係のある会議への参加、業務量に見合う勤務時間の増等を望む。

4 まとめと課題

　学校司書の配置は、司書教諭やそのほかの教員の負担を確実に軽減した。また、図書館環境の整備や教育支援等による図書館機能の向上という観点からしても貢献している。

　今後、各市町村において学校司書に求められる役割は授業支援などを含めますます増していくものと考えられる。しかし、ヒアリング調査や2014年の神奈川県調査結果とあわせて見ると、市町村による配置状況、役割、勤務時間、処遇等については様々である。

　学校図書館機能の充実は、図書等のメディアの整備と人材配置が伴って可能となる。市区町村の財政力による格差の解消が課題であり、国による財政措置をさらに拡充することが求められる。また、地方財政措置は使途が限定されていないことから、市区町村が図書等購入費や学校司書配置財源に国による措置分をきちんと充当し、学校図書館機能の向上を図っていくことが重要である。

　また、学校司書の雇用に際しては、業務量に見合った適切な勤務時間の設定、業務内容に見合った処遇の改善、研修等による人材育成、通勤費、出張旅費等必要な財源の措置、市のサーバーに接続できるパソコン等執務環境の整備が必要と考える。

　学校図書館の効果的な活用は、適切なコーディネートにより実現すると考えるが、司書教諭や教員が多忙で連絡調整さえ困難な実態がある。また、学校司書の役割や機能、配置時間等について、教職員に十分理解されていない状況もうかがわれる。学校運営計画等に学校図書館経営や授業計画、学校司書の役割等を明確にするとともに、司書教諭等による適切なコーディネートの下、教職員とのコミュニケーションに配慮しつつ、学校図書館の有効活用、学校司書による教育支援などをすすめていくことが大切と考える。

（佐野朝太郎）

第4節　部活動指導員

1　導入の経緯

　部活動は明治時代に「運動会」として帝国大学で始まり、戦前のオリンピック参加を機に部活動として発展した。戦後も新制中学校発足と共に始まった部活動は、中学校体育連盟のもと大会を目標にして、毎日の練習に励み、練習試合で実践力をつけていくといったスタイルを築き上げてきた。また、部活動が継続して行われてきた理由は、教育的効果をもった活動であったからでもある。活発に行われる部活動は学校を活性化し、中学生の基本的生活習慣の形成、人間的成長、社会的成長、学校生活の充実に有効であり、中学校教員の資質の向上や力量の形成にも効果があった。

　しかし、1964年東京オリンピック開催を機に、対外運動競技の規制を緩和し、1969年に関東大会（地方大会）、1979年には全国大会が文部省公認となり、現在20競技が中学校の全国大会を開催している。こうした中で、中学校部活動は勝利至上主義に陥りがちとなり、その上2000年以降の各県高校入試改革で部活動実績が内申点として加点されるようになり、部活動はますます過熱化して現在にいたっている。

　学校現場では公務外にもかかわらず、全員顧問制が多くの学校で強制されて、本来「生徒の自主的、自発的な参加により行われる」はずが、「ブラック部活」などという言葉が生み出されるほど、教員の多忙化の主因として中学校部活動の問題がクローズアップされてきた。

　第169回通常国会（2008年）の参議院文教科学委員会では、「中学校で部活の担当に就くと、教師の忙しさに更に拍車が掛かる。平日は毎日6時半までクラブ活動（筆者注：部活動のこと）、7時になってようやく

職員室の机に向かって教材研究とか、ほかの事務の仕事が始められる。土曜、日曜は練習かあるいは練習試合。夏休みもない。クラブ活動から解放されるのは試験期間中だけ、その間は試験の問題作り。試験が終われば部活がスタートして、採点、成績評価もある」と訴えている教育現場からの私信が紹介され、部活動をめぐる教員の多忙化の状況が指摘された。

このような部活動をめぐる教員の多忙化状況は、1週間当たりの課外活動（部活動）が7.7時間（OECD平均2.2時間、国際教員指導環境調査TALIS　2013年）と最長であり、部活動顧問は8時前出勤が90％、20時以降退勤が50.3％（勤務時間は8時30分〜16時45分）とこれだけで月70時間を超える残業時間である（日本における教職員の働き方・労働時間の実態に関する調査研究報告書2016年12月）。

この状況は86.4％の教員が部活動顧問（表1）を担当している現状や多くの中学校で全員顧問制を採っていることからも、教育課程外とはいいながら、学校現場では教育業務の一環と位置づけられており、部活動は中学校教員の全体の課題だと言える。

表1　部活動顧問の配置について

運動部の顧問を担当している	68.3%
文化部の顧問を担当している	15.3%
運動部と文化部の顧問を担当している	2.8%
顧問を担当していない	13.5%

出典）スポーツ庁「運動部活動等に関する実態調査」2017年

こうしたことから、従来からあった部活動指導員（者）について、文科省は2017年4月1日「学校教育法施行規則の一部を改正する省令」を施行し、①部活動指導員の職務を明確化し、対外試合の生徒引率や顧問となることを認め、②学校の設置者は、部活動指導員の身分、任用、

職務、報酬を明確に定め、③部活動指導員に対する研修を充実させる等、部活動指導員の明確な位置づけをして（37 ページ、資料 1）、教員の負担軽減策を講じた。

2　配置状況

　全国的な調査（表 2）をみると、中学校の部活動の外部指導員数は2000 年当初と比べて、生徒減や学校数減の中で 6,000 人近く増加している。しかし 1 校あたりの指導員数は微増にとどまっており、導入が飛躍的に進んでいるとは言えない状況である。

表2　外部指導員数の変化

	2004年	2005年	2015年	2016年	2017年
中学校数	11,089	11,004	10,484	10,404	10,325
生徒数	3,663,513	3,626,415	3,465,215	3,406,029	3,333,334
外部指導員数	24,283	26,724	29,626	29,555	30,172
1 校あたりの指導員数	2.19	2.43	2.82	2.84	2.92

出典）　公益財団法人日本中学校体育連盟加盟校調査集計より作成

　2014 年の神奈川県調査においては、県内 33 市町村の内、16 市町村で導入されている。名称も、部活動指導員（者）、部活動技術指導者、外部指導協力講師、部活動地域指導員、中学校部活動地域指導者など様々である。

　一方で、2016 年度より先行実施している岡山県の「運動部活動支援員派遣事業」では、「県の要領に基づいて非常勤職員として雇用され、勤務は原則 1 週間に 7 時間以内。報酬は 1 時間 2740 円だ。学校が顧問の教員を置いていない部活動の単独指導や試合への引率もできる」としている。昨年 12 月のアンケートでは、支援員がいる部活動の顧問を務める教員の 94.3% が、負担が軽くなったと感じていると回答した（『毎日新聞』2017 年 4 月 24 日）。

32

3 ヒアリング調査から

2017 年 10 月、関東地方の F 県において、部活動指導員への聞き取り調査を行った。担当部活動はバドミントン部（G さん）と演劇部（H さん）である。

①部活動指導員を担当した経緯

G さんは教員を定年退職したのち、現役時代の部顧問の経験を生かして、最終の所属校で部活動指導員として週 1 回活動している。H さんは劇団員である。顧問からの誘いで中学校と高等学校の部活動指導員となり、週 1 回指導に行っている。（G さん）ビジネスではなく、限りなくボランティア。（H さん）趣味で、ちょっとだけお金をもらえて嬉しいな、くらいの気持ち、と語り、二人とも主な収入源や活動は別の所にあり、いわば補助的な位置に部活動指導員はある。

②勤務状況

二人が共通して担当している I 市の要綱では、①正式名称は「部活動指導者」、②謝金は 1 回あたり 3,000 円、③一人の指導回数は月 5 回以内、年間 120 回以内となっている。

（G さん）月 5 回までしか出勤印が押せないので、試合等は手弁当。

（H さん）文化祭や大会があり月 6 回以上出勤したときは、他の月の出勤回数で調整している。

③出退勤の様子

（G さん）出勤は体育館、練習後校舎内の更衣室に行き、その後職員室へ入って出勤印を押す。

（H さん）活動場所に行って、そのまま指導に入る。交通費の支給がないので、謝金の半分ぐらいは交通費でなくなる、と語る。

1 回の勤務時間は 2 ～ 3 時間、回数なので残業という概念がない、年次有給休暇なし、明確な雇用契約はなしという状況は二人に共通し

ている。これらは、労働の対価としての給与ではなく、外部に仕事を
依頼した場合の謝礼金として支払われていることに起因していると考
えられる。また、2017年4月の改正により学校職員として位置づけら
れたものの、職員や生徒への紹介の機会もないままで現在に至ってい
る。

④仕事の内容

（Gさん）コーチとしてどこまでやるのか、生徒指導はどうするのか、
試合でのかかわり方が不明確で迷っている。

（Hさん）指導員のプロじゃないので、演劇を作る仲間としてアドバ
イスや提案をする、と語る。

　今後、部活動指導員が対外試合の単独引率を認められ、最終的には
顧問の役割を担っていくことを展望すると、学校の職員としての位置
づけや交通費、災害補償、身分保障などの条件整備の課題解決が必要
となってくる。

⑤学校とのかかわり

　二人とも、「窓口となる教員はいる」「同種のスタッフ同士の交流は
ない」「研修機会がない」「広報されていない」などの共通点があった。
一方、「学校全体との協働というイメージで働いている感じがしない」
「非常勤職員として研修の機会が必要だと思う」、などの指摘があった。
チーム学校（中教審答申2015年）では「部活動に関する専門スタッ
フについて、指導・顧問・単独での引率等を行うことを職務とする職
員を部活動指導員として、法令上に位置付ける」と示した。他のサ
ポートスタッフと同様に学校職員として位置づけていくことが必要で
ある。

4 まとめと課題

　ヒアリングでは、おおむね次のような指摘がされた。

①人材確保が学校に任されていて、雇用関係が不明確であり、研修も実施されていない等の課題がある。
②給与ではなく謝金のため、時間外勤務が設定されない、交通費不支給で劣悪な労働条件である。
③顧問なのか、コーチなのか仕事内容が不明確で対応に迷う。
④学校職員として顧問以外の職員、生徒、保護者に認知されていない。
⑤運動部活動につきものの事故に対する明確な決まりがない。
⑥部活動指導員の収入では主要な仕事にはならない。

　このような課題が山積する中、文科省は 2017 年 4 月より学校教育法施行規則の一部を改正して「部活動指導員」制度を導入した。文科省の通知では「日本の中学校教員の勤務時間は、OECD 内で最長となっている」ことを背景として挙げ、教員の多忙化解消のための部活動指導員制度であるとしている。また、「部活動指導員の職務」「部活動指導員に係る規則等の整備」を明文化した。これにより、部活動指導員を導入していなかった市町村への導入や市町村ごとに違う要綱が整理されていくことが望まれる。

　しかし、どの部活動に指導員を配置するのか、学校に何人配置するのか、配置する基準はどうなるのか、人材はどう確保するのか等の課題は山積している。中学校部活動にかかわる課題は部活動指導員を導入すれば解決するというものではない。

　さらに、加熱した勝利至上主義や大会で勝利するための部活動に陥っている現状では、教育委員会や学校が活動時間や休養日の明確な基準を

設ける必要がある。そうしなければ、外部の部活動指導員導入によって
さらに過熱し、顧問教員の多忙化をさらに推し進めることも予想される。
何よりも学校現場で部活動顧問を担っている教員の声に耳を傾け、理解
と協力を得る方向で課題解決が進められることを期待する。

（岩澤政和）

参考・引用文献

中澤篤史（2011）「学校運動部活動の戦後史（上）」『一橋社会科学 2011』25-46 頁.

スポーツ庁（2017）『学校教育法施行規則の一部を改正する省令の施行について（通知）』
　（3 月 14 日）.

スポーツ庁（2014）『運動部活動の在り方に関する調査研究報告書』.

資料1 部活動指導員の概要（2017年4月文部科学省）

第5節　本章のまとめ

　支援スタッフをめぐるヒアリング調査を受けて、共通すると思われるいくつかの課題を挙げてまとめとする。

　第1が教員と支援スタッフの連携・協力の在り方である。ヒアリングでは支援スタッフと教員のコミュニケーションが十分とれていないことがたびたび指摘された。こうした背景には教員が忙しいという現状があるが、一方で支援スタッフの窓口となる教員がその役割を果たし切れていないことが挙げられた。コーディネーターの動き方はとても重要で、支援スタッフが活躍できるか否かの大きな要となる。そのためにコーディネーターを兼務ではなく専任化することが望まれる。

　教員と支援スタッフの円滑な連携・協力を推進するもうひとつの条件が、教員同士のコミュニケーションである。たとえば、子どもをめぐる情報を支援スタッフ・担任・コーディネーターのみが知るのではなく、なるべく教員間で共有する必要がある。そのために連絡帳を使って小まめに情報交換を行い、意図的に職員室に居場所を求め教員とのコミュニケーションを図ろうとする支援スタッフの声が聞かれた。支援スタッフと教員の組織的な取り組みが教育効果を上げるとともに、教員の多忙化を縮減するポイントだと思われる。

　第2が支援スタッフの勤務環境である。不安定な雇用条件は支援スタッフに共通する課題であるが、交通費が支給されないために、手当の半分が交通費に消えるといった声も聞かれた。また、長期休業に入ると授業がないために収入がなくなる支援スタッフもいた。こうした勤務環境では長く活躍できる人が限られてしまう。支援スタッフが特定の年齢層や性別に限定されず各界各層から幅広く参加してこそ、より魅力的で活力

のある「チーム学校」が可能になると思われる。そのためにも勤務環境の改善は必要である。

　ヒアリングでは、教員が支援スタッフの雇用条件を知らないケースや支援スタッフ自身も明確な雇用契約がないことで戸惑っているケースもみられた。教員が支援スタッフの雇用条件を知らないために本来業務以外の仕事をお願いし、ときに勤務時間を超えてサービス残業となる場合もある。教員と支援スタッフの連携・協力を深めるためにはお互いの雇用条件を理解することが大切である。

　第3が支援スタッフの業務内容である。支援スタッフの名称、業務内容や業務量、配置状況は自治体や地域、学校によってかなり異なる。これは支援スタッフをめぐる業務の標準化が十分に検討されていないためだが、背景となる予算が自治体によって異なることもひとつの理由である。

　業務量が拡大し時間内に納まらず、待遇の改善を求める支援スタッフがいる一方で、そもそも業務を特定するのではなく、スタッフの裁量によって様々な仕事をこなすところに支援スタッフとしてのやりがいを感じるとの声もあった。同じ支援スタッフでも、業務内容に対する考え方や仕事の進め方に開きがあることがわかる。

（青木純一）

第3章　教職員と支援スタッフとの協働
―小中学校における質問紙調査から―

第1節　本章の目的と調査の概要

　本章では、小学校・中学校の教員および支援スタッフがどのような勤務環境にあり、どのように協働しているのかを明らかにし、教職員の多忙化縮減をめざす上での課題などについての考察を行う。本章の議論は、本研究チームが2017年に行った5県を対象にした質問紙調査にもとづくものである。

1　調査の概要

　調査時期は2017年1〜3月で、神奈川県・兵庫県・愛知県・千葉県・静岡県（いずれも、小学48校、中学84校の計132校）の公立小中学校を対象に調査票を配布した。5県の選定理由としては、本調査では支援スタッフ調査に日本語指導員を含めたため、文部科学省による調査「日本語指導が必要な児童生徒」の在籍数が多い県を配布対象とした。 日本語指導が必要な児童生徒が多い地域は、一般的に外国籍住民が多い工業・産業地域であり、経済的な問題を抱えた世帯が多い点も共通の課題であるため、域内の学校も様々な課題を抱えていることを予想した。 これらの条件にもとづき、各県の学校数から分析に必要なサンプル数が得られる5県を選んだ 。

調査対象者としては、教務主任・各学年代表・支援スタッフ（スクールカウンセラー、学校司書、外国人児童生徒への日本語指導員、学習支援員、部活動指導員を各校1人ずつ。ボランティアは除く）である。1校に複数のスタッフがいる場合は、代表1人に配布するよう依頼したため、出勤日数が多い者、勤務時間が長い人に質問紙が渡されたことが推測できる。調査方法は、上記の県教職員組合を通じて各校へ調査票を郵送して自記式で回答してもらった。学校の抽出方法は、できるだけ地域などに偏りが生じないように県教職員組合に選定を依頼した。

　表1は、職種別の有効回収率および性別・平均年齢を示したものである。

表1　調査票の有効回収率および性別・平均年齢

		配布数	有効回答数	有効回収率	性別（男／女）		平均年齢（歳）
小学校	教務主任	240	214	89.2%	75.5%	24.5%	47.9
	学年代表	1440	1285	89.2%	38.1%	61.9%	43.6
	スクールカウンセラー	240	84	35.0%	15.5%	84.5%	45.8
	学校司書	240	120	50.0%	1.7%	98.3%	46.1
	日本語指導員	240	45	18.8%	24.4%	75.6%	45.1
	学習支援員	240	213	88.8%	10.9%	89.1%	47.9
中学校	教務主任	420	351	83.6%	90.8%	9.2%	49.4
	学年代表	1260	1040	82.5%	74.0%	26.0%	48.3
	スクールカウンセラー	420	269	64.0%	19.3%	80.7%	46.6
	学校司書	420	142	33.8%	2.8%	97.2%	48.4
	日本語指導員	420	62	14.8%	27.9%	72.1%	44.3
	学習支援員	420	236	56.2%	20.3%	79.7%	44.5
	部活動指導員	420	75	17.9%	73.3	26.7	39.9

※ 有効回収率は有効回答数／配布数。支援スタッフ票は、当該支援スタッフが勤務していない学校にも配布されているため、回収率が低くなっている場合がある。

2　調査項目

　本調査は、以下の問題意識から調査項目を作成した。教務主任調査では、まず勤務校について、①基本的状況、②児童生徒の状況、③支援スタッフの勤務状況、④支援スタッフとの連携・協力体制、そして本人につい

ては⑤勤務の実態や負担感、から構成されている。学年代表調査では、
①担当学年の状況、②本人と支援スタッフとの連携・協力体制、③本人
の勤務の実態や負担感について尋ねている。支援スタッフ調査は、①勤
務実態、②質問紙を受けとった学校の教員との連携体制、③仕事の満足
度について質問している。

　本調査で実際に使用した質問紙については、本書巻末の付録を参照さ
れたい。

3　調査回答者の概要

(1)教務主任調査

　勤務校の児童生徒数については、小学校は「49 人以下」0.7%、「50-
99 人」2.3%、「100-199 人」8.8%、「200-299 人」11.0%、「300-399 人」
13.8%、「400-499 人」14.5%、「500-599 人」14.3%、「600-699 人」12.2%、
「700-799 人」10.4%、「800 人以上」11.9% となっている。

　中学校は「49 人以下」0.7%、「50-99 人」2.3%、「100-199 人」8.8%、
「200-299 人」11.0%、「300-399 人」13.8%、「400-499 人」14.5%、「500-
599 人」14.3%、「600-699 人」12.2%、「700-799 人」10.4%、「800 人以上」
11.9% となっている。

　1 週間あたりの担当授業時数（平均）は、小学校では 13.6 時間、中
学校では 14.0 時間という結果となっている。

　部活動顧問の担当状況（中学校）としては、「運動部」が 78.5%
「文化部」が 13.2%、「担当をしていない」と回答した教員は 8.3% で
あった。

(2)学年代表調査

　学年代表教員の学級担任の担当状況は、小学校で「担任をしている」
が 98.9%、中学校で 74.9% である。

1 週間あたりの担当授業時数（平均）は、小学校では 25.0 時間、中学校で 17.8 時間という結果となっている。

部活動顧問の担当状況（中学校）としては、「運動部」が 78.8%、「文化部」が 16.0%、「担当をしていない」と回答した教員は 5.2% であった。

⑶ 支援スタッフ調査

支援スタッフ調査の性別・平均年齢は、さきに示した表 1 のとおりである。支援スタッフの取得している免許・資格については、全体平均で約 6 割の者がいずれかの教員免許を持っていることがわかる。表 2 はスタッフ別の所持資格の割合を表したものである。

表 2　支援スタッフの取得免許・資格の種類(%)

	小学校				中学校				
	スクールカウンセラー	学校司書	日本語指導員	学習支援員	スクールカウンセラー	学校司書	日本語指導員	学習支援員	部活動指導員
一種教員免許状	25.3	25.2	40.9	55.0	24.3	33.1	32.3	65.1	46.7
二種教員免許状	6.0	18.5	20.5	30.8	8.6	26.1	21.0	24.7	10.7
専修教員免許状	6.0	0.0	2.3	1.9	4.5	0.0	1.6	0.9	5.3
臨床心理士資格	72.3	0.0	0.0	0.0	73.0	0.0	0.0	0.0	0.0
認定心理士資格	12.0	0.0	0.0	0.9	14.2	0.0	0.0	1.3	0.0
司書・司書補資格	0.0	44.5	2.3	1.9	0.7	51.4	0.0	3.8	1.3
司書教諭資格	3.6	18.5	4.5	7.6	1.1	40.8	0.0	4.3	1.3
保育士資格	8.4	7.6	6.8	10.4	1.9	2.8	0.0	4.7	0.0
2 級以上の英検・数検・漢検	14.5	13.4	22.7	7.6	11.2	21.8	22.6	14.9	2.7
日本体育協会認定資格	0.0	0.0	0.0	0.5	0.0	0.0	1.6	2.6	18.7
日本トレーニング協会認定資格	0.0	0.0	2.3	0.0	0.0	0.0	0.0	0.0	0.0
2 級以上の日本語能力試験	0.0	0.0	2.3	0.5	0.0	0.0	14.5	0.0	0.0
日本語教師	0.0	0.0	9.1	0.0	0.0	0.0	8.1	0.4	0.0
その他	14.5	0.8	13.6	10.4	19.9	5.6	16.1	8.1	14.7
関連する免許・資格は持っていない	1.2	21.0	29.5	15.2	4.5	9.9	19.4	14.9	29.3

支援スタッフとしての経験年数をスタッフごとにまとめたが、支援スタッフごとに経験年数にはばらつきがあることがわかる（以下、％は小学校、中学校の順）。

スクールカウンセラーでは「1年目」が6.0％、7.1％、「2〜3年目」が22.6％、14.6％、「4〜5年目」17.9％、15.7％、「6〜7年目」が6.0％、10.1％、「8〜9年目」が9.5％、13.1％、「10年目以上」が38.1％、39.6％となっている。

学校司書の経験年数は、「1年目」が16.0％、16.9％、「2〜3年目」が34.5％、28.2％、「4〜5年目」が26.9％、14.8％、「6〜7年目」が4.2％、12.0％、「8〜9年目」が9.2％、9.2％、「10年目以上」が9.2％、19.0％である。

外国人児童生徒への日本語指導員の経験年数は、「1年目」が20.0％、14.5％、「2〜3年目」が20.0％、33.9％、「4〜5年目」15.6％、6.5％、「6〜7年目」が11.1％、17.7％、「8〜9年目」が8.9％、9.7％、「10年目以上」が24.4％、17.7％である。

学習支援員の経験年数は、「1年目」が23.9％、31.1％、「2〜3年目」が30.5％、23.0％、「4〜5年目」20.7％、17.4％、「6〜7年目」が11.3％、12.3％、「8〜9年目」が7.5％、6.4％、「10年目以上」が6.1％、9.8％である。

部活動指導員の経験年数（中学校）は、「1年目」が4.0％、「2〜3年目」が22.7％、「4〜5年目」12.0％、「6〜7年目」が2.7％、「8〜9年目」が9.3％、「10年目以上」が24.0％である。

本節では本調査の概要についてまとめたが、第2節以降で支援スタッフの勤務環境や教員の多忙化縮減にむけた連携などについての個別の分析を行っていく。以下の結果は有効回答が得られたものをもとに算出し

ている。

　なお、本質問紙調査のより詳細な分析結果については、後日刊行される本研究チームの研究報告書(99ページのURL参照)で示す予定であり、そちらも参照されたい。

（坪谷美欧子）

第2節　支援スタッフの勤務環境の現状と課題

1　支援スタッフの勤務環境の現状

　本節では支援スタッフ票の調査データと自由記述回答の分析を通して、学校における支援スタッフの勤務環境の現状を明らかにするとともに、その課題について検討する。

　ここでとりあげる支援スタッフとは、スクールカウンセラー（SC）、学校司書、学習支援員、外国人児童生徒への日本語指導員（日本語指導員）、部活動指導員（中学校のみ）である。

　以下では、支援スタッフの勤務実態、勤務環境を検討した上で、勤務環境の課題として時間外勤務、給与、雇用の安定性をとりあげる。これらの分析結果を踏まえて、まとめと考察を行う。

⑴支援スタッフの勤務実態

　まず、時間の側面からとらえた支援スタッフの勤務実態について検討したい。表1は各支援スタッフの勤務校数・勤務日数（すべての勤務校)・1日あたり勤務時間の平均値を比較したものである。支援スタッフの種類により「いくつの学校で働くか」「1週間にどのくらい働くか」「1日にどのくらい働くか」が異なっており、これらを組み合わせて検討することで、各支援スタッフの勤務形態の特徴を把握できる。

表1　勤務校数・勤務日数・1日あたり勤務時間の平均値の比較

校種	支援スタッフの種類	支援スタッフとしての勤務校数 *1		支援スタッフとしての勤務日数（すべての勤務校）*2		この学校での1日あたりの勤務時間*3	
		平均値	人数	平均値	人数	平均値	人数
小学校	スクールカウンセラー	3.39	84	3.16	82	6.43	84
	学校司書	1.42	120	4.06	119	5.12	120
	学習支援員	1.25	212	4.38	211	5.34	211
	日本語指導員	3.07	45	3.98	44	4.41	45
	合計	1.86	461	4.04	456	5.39	460
中学校	スクールカウンセラー	3.39	269	3.17	269	6.53	268
	学校司書	1.76	140	3.95	139	5.16	141
	学習支援員	1.20	236	4.42	234	5.59	235
	日本語指導員	3.34	62	4.03	59	4.02	62
	部活動指導員	1.13	75	3.23	71	3.89	75
	合計	2.22	782	3.76	772	5.55	781

*1 以下のように数値を割り当てて算出した。「1校」=1、「2～3校」=2.5、「4～5校」=4.5、「6～7校」=6.5、「8校以上」=8。

*2 以下のように数値を割り当てて算出した。「週1日くらい」=1、「週2日くらい」=2、「週3日くらい」=3、「週4日くらい」=4、「週5日くらい」=5、「週6日くらい」=6。なお「不定期」は含めていない。

*3 以下のように数値を割り当てて算出した。「2時間未満」=1.5、「2～3時間」=2.5、「3～4時間」=3.5、「4～5時間」=4.5、「6～7時間」=6.5、「7～8時間」=7.5、「8時間以上」=8。

①**勤務校数**　SC・日本語指導員は平均値が約3校を超えており、複数校で勤務する傾向がみられる。一方、学校司書・学習支援員・部活動指導員の平均値は約1校である。

②**勤務日数（すべての勤務校）**　勤務日数はいずれの支援スタッフも週約3～4日が平均値となっており、大きな違いはみられない。しかし①より、1校に週3～4日勤務するのか、複数校あわせて週3～4日勤務しているのかという点が支援スタッフによって異なる。また数値は省略したが、支援スタッフにより勤務日数のばらつきの程度も大きく異なる。

③**1日あたり勤務時間**　最も長時間勤務する傾向にあるのはSCであ

り、1日平均6時間以上勤務している。その後、学習支援員→学校司書→日本語指導員→部活動指導員の順に短くなっていく。

　以上で確認した支援スタッフの勤務の諸特徴は、勤務先学校との連携・協力のしやすさを左右する要素だといえる。自由記述からは、支援スタッフの勤務形態によって教員との連携・協力が制約されている状況が確認できる。いずれの支援スタッフも、それぞれの勤務形態の中で多忙な教員と連携する難しさを指摘している。学校の教員と支援スタッフとの連携を考える上では、このような支援スタッフの勤務形態を踏まえた検討がなされる必要があるといえるだろう。

◎1校週1〜2日の勤務のため、学校の状況、生徒の状況を知るための会議に参加させてもらえない学校がある。（中、SC）
◎多忙な教員と連絡をとるのも机上にメモを残す方法しかなく、満足な連携とはいえないと思います。（中、学校司書）
◎多忙な先生方と4時間という短い勤務時間内での連携をとるための時間がとりにくいのが現状です。（小、学習支援員）
◎教員が忙しくてゆっくり話をすることができない。放課後しか時間がとれないが、支援スタッフは授業後すぐ帰宅するため時間が合わない。（小、日本語指導員）

(2)支援スタッフの勤務環境

　次に、支援スタッフの置かれた勤務環境を、物理的環境と対人的環境という二つの側面からとらえて検討する。図1は、各支援スタッフの勤務環境を比較したものである。質問は勤務環境に関する各項目についてあてはまるかどうかを尋ねており、図1ではあてはまるとされ

た回答の数値を図示している。

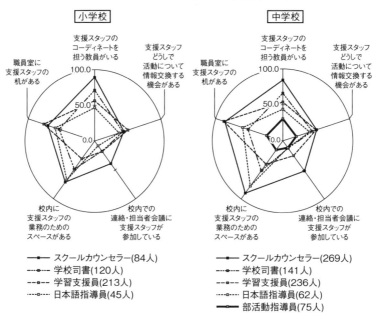

図1 支援スタッフの勤務環境の比較

①**物理的環境** 支援スタッフの物理的環境とした項目は、「職員室に支援スタッフの机がある」「校内に支援スタッフの業務のためのスペースがある」である。物理的環境が最も整っているのはSCであり（校内にスペースがあり、職員室に机がある）、次いで学校司書（校内にスペースがある）と学習支援員（職員室に机がある）が続く。日本語指導員・部活動指導員は、以上と比較すると物理的環境が用意されていない傾向にあるといえる。

②**対人的環境** 支援スタッフの対人的環境とした項目は、「支援スタッ

フのコーディネートを担う教員がいる」「支援スタッフどうしで活動について情報交換する機会がある」「校内での連絡・担当者会議に支援スタッフが参加している」である。まず支援スタッフのコーディネートを担う教員は、SCと日本語指導員については比較的設置されている傾向が見られるが、他の支援スタッフはそれよりもやや低調である。次にスタッフどうしの情報交換は、いずれの支援スタッフにおいても半数程度に留まっている。最後に支援スタッフの会議参加は、最も多いSCでも半数程度に留まり、他の支援スタッフはかなり少数である。自由記述では、特に支援スタッフが学校内の会議に参加しないことの課題が言及された。

◎両者［教員と支援スタッフ：引用者注］の連携の調整役であるコーディネーター（教員）も多忙すぎて、十分に調整役の仕事ができていない。［中略］教員研修に支援スタッフを利用したり、委員会や会議に支援スタッフを参加させようとする雰囲気が見られず、校内が閉鎖的である。（中、SC）
◎学校の支援スタッフでありながら、教員の会議などは出席しないので、伝達されない事項が多く感じる。（例えば、災害緊急時などの動きについて、等）（小、学校司書）
◎現在、職員室に机はありますが、打ち合わせ等に参加する事もなく、指示系統が不明確なため業務にあたって困惑することが多いです。（中、学習支援員）

2 支援スタッフの勤務環境の課題

以下では、調査データと自由記述回答からわかる支援スタッフの勤務環境の課題について、(1)時間外勤務、(2)給与、(3)雇用の安定性に焦点

を当てて検討していく。

(1)時間外勤務

　教員の長時間労働が社会問題となる一方で、調査からは支援スタッフも少なくない時間外労働を担っていることが明らかになった。図2は、各支援スタッフの時間外勤務の頻度を示したものである。

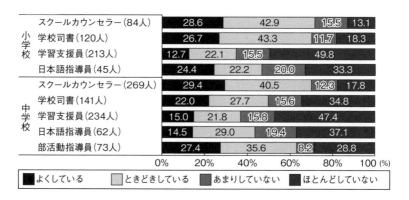

図2　この学校での時間外勤務の頻度(単位：%)

　SC・学校司書・部活動指導員は、半数～6割程度が比較的高い頻度で時間外勤務を行っている（「よくしている」＋「ときどきしている」の合計）。一方で学習支援員と日本語指導員に比較的時間外勤務が少ないのは、これらの支援スタッフの業務は授業時間と結びついているため、授業時間終了のタイミングによって業務を区切りやすいためではないかと考えられる。

　このように少なくない時間外勤務が行われている一方で、時間外勤務手当はほとんど支給されていない。図3は各支援スタッフの時間外勤務手当の支給の有無を示したものである。

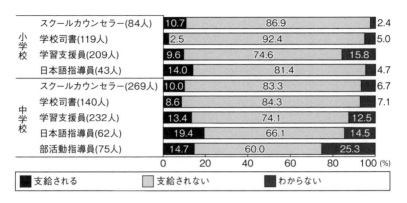

図3 時間外勤務手当の支給の有無（単位：%）

　どの支援スタッフも、時間外勤務手当を「支給されない」が6割〜9割を占めていることがわかる。教員のワークライフバランスを適正化しようと多職種協働を謳う一方で、支援スタッフの時間外勤務という形でしわ寄せが起こる可能性を（現に起こっているという実態を）考慮しておかなければならないだろう。
　このような時間外勤務は、ほとんどの支援スタッフが自由記述で言及している。その背景には、連絡・情報共有など業務に必要なコミュニケーションのための時間が勤務時間として保障されていないことや、時間外勤務を常態として日々勤務している教員と連絡・情報共有を行おうとすると、結果的に支援スタッフが教員の時間に合わせざるを得ないという事情などがあると考えられる。以下ではその実態がうかがえる記述を引用する。

◎生徒や保護者との面談は時間内にほぼ終了するが、その後の教員との情報交換をする時間がとれなくて時間外にずれ込むことが多い。（中、SC）

◎1日4時間と決まっているが、とても勤務時間に終わる作業内容で
はなく、職場で残るか家庭へ仕事を持ち帰っている人が多い。(小、
学校司書)

◎授業時間のみの勤務であり、その後連絡や情報交換は時間外になっ
てしまう。短い時間だが必要だし、月単位となると結構な時間とな
る。(中、学習支援員)

◎教員が超多忙で働き、時間外勤務をしている中では、自分だけ「時
間外だからできない」等の権利の主張がしにくい。(中、日本語指導
員)

(2) 給与

　次に、支援スタッフの給与について検討する。図4は支援スタッフ
としての年収を示したものである。収入についてみると、SCでは年収
250万円以上の者が6割程度になる一方、部活動指導員は年収100万円
未満が9割以上になる(そのうち年収25万円未満が約7割程度に上る)。
また学校司書と学習支援員は年収150万円以下が8～9割を占めてい
る。これらのスタッフには女性が多く、配偶者の扶養家族となってい
る場合が多いと推測できる(婚姻状況について尋ねた質問がないため、
この点について直接的には検証できない)。これにより、支援スタッフ
としての給与を低く抑えることが可能になっていると考えられる。

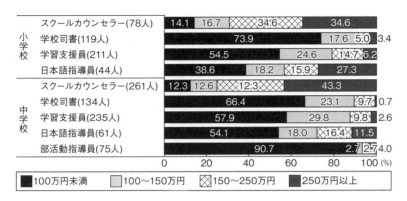

図4 支援スタッフとしての年収(単位:%)

　支援スタッフとして勤務することで得る収入に対し、支援スタッフはどの程度満足を感じているのだろうか。図5は各支援スタッフに給与についての満足度を尋ねたものである。一見して明らかなのは、SCのみ突出して満足度が高いことである。図4（年収）からも、SCは勤務に見合った報酬を得ているように見える。その一方、他の支援スタッフは4～5割程度が給与に不満を感じていることがわかる。

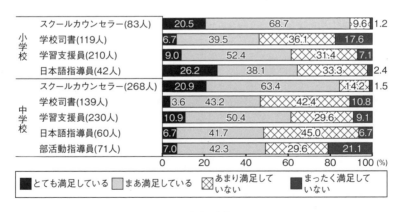

図5 満足度（給与）(単位:%)

給与への不満は、自由記述でも数多く言及された。以下はその一部である。

◎年に50万円程度の収入では足りないため、土日などで別の仕事をしていますが、教育委員会から、副業はみとめられないと言われました。司書の仕事は大変やりがいのある仕事ですが、年50万程度の収入、そして副業禁止であればとてもやっていけません。（小、学校司書）
◎教員の多忙化を改善するならば部活動指導員を増やす必要がある。しかし、その給与は、支援スタッフが生活していくには少なすぎる。（中、部活動指導員）

また給与と関わって自由記述で特に挙げられていたのは、給与の他に交通費の支給がないことへの不満である。

◎交通費が支払われないのが、決して高いとは言えない収入としては痛い。研修などでも必ずかかるものなので、そこは支払ってほしいところです。（小、学校司書）
◎交通費は支払われないので、遠方の学校に行くのはたいへんである。（中、日本語指導員）
◎月1万円くらい謝礼を頂いていますが、ボランティアのような、先生のお手伝いの気持ちが強いです。［中略］試合の引率に一緒に行くことも多いので経済的には楽ではありません。（中、部活動指導員）

交通費支給の有無について全体の分布を確認すると、図6のようになる。小学校では、いずれの支援スタッフも約7割程度が交通費を支給さ

れている。一方中学校では、日本語指導員で交通費が支給されているのは約5割、部活動指導員は約3割に留まっていることがわかる。

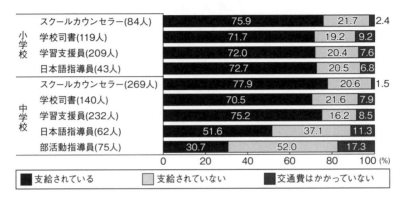

図6　交通費支給の有無(単位:%)

(3) 雇用の安定性

　最後に課題としてとりあげるのは、支援スタッフの雇用の安定性である。図7は各支援スタッフに雇用の安定性の満足度について尋ねたものである。最も不満を感じているのはSCであり、次に学校司書と日本語指導員が続く。学習指導員、部活動指導員も4割程度が雇用の安定性に不満を感じており、支援スタッフは概して不安定な雇用として受け止められている傾向がみられる。

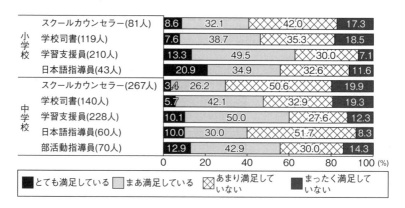

図7　満足度（雇用の安定性）（単位：％）

　以下に引用する自由記述は、支援スタッフの雇用の不安定さを課題として指摘するものである。

◎非常勤の立場は不安定なので、「不安定でよい」という人しか続けられない。（小、SC）
◎１年契約であること、時給制であること、昇給がないこと、退職金がないこと、諸手当がないことは問題であると思う。こういう条件では若い人が自らの一生の仕事として選択することになりにくいであろう。（中、SC）
◎市が業務委託している会社から派遣されている状態。業者は１年ごとの入札で決まるため雇用は極めて不安定である。（小、学校司書）
◎一年ごとの契約更新で、勤務先の希望調査などもなく、見通しが立ちにくい。一年かけて子ども達と関係を築いても次につながらないのかと思うとモチベーションの維持が難しい。（小、学習支援員）

3 まとめと考察

本節では、支援スタッフの勤務環境の現状と課題について検討してきた。

まず支援スタッフの勤務実態を検討し、各スタッフによって異なる勤務の特徴について示した。支援スタッフを受け入れる学校組織や教育委員会は、支援スタッフの勤務実態・勤務形態の特徴を把握し、それに適した連携・協力のとり方を模索していく必要があることを指摘した。

次に支援スタッフの置かれた勤務環境を検討した。物理的環境の整備は一部の支援スタッフで進んでいる一方、対人的環境（学校組織との人的関わり）の整備は進んでいない傾向にあることが確認された。

以上の勤務実態を踏まえ、支援スタッフの勤務環境の課題として (1) 時間外勤務、(2) 給与、(3) 雇用の安定性に焦点を当てて検討した。

まず支援スタッフは少なくない頻度で時間外勤務を行っている一方で、時間外勤務手当はほとんど支給されていない傾向にある。次に SC 以外の支援スタッフは、年収 150 万円以下がほとんどを占め、給与への不満を抱えている。また一部の自治体・支援スタッフでは、交通費の支給がないことが不満となっている。そしていずれの支援スタッフにおいても、雇用の安定性について不満を抱えている者が一定数を占め、不安定な雇用という支援スタッフの特徴が確認された。

以上の分析結果から、「手当なしの時間外労働・不十分な給与・不安定な雇用」という支援スタッフ職の問題を指摘できる。「チーム学校」の名のもとにこのような支援スタッフ職が普及した場合、教員の長時間労働とは別の形で、教育現場の労働問題が再び発生するだろう。支援スタッフ職が無法地帯とならないよう、その労働条件・雇用条件を整備していくことが求められているといえる。

（前田麦穂）

第3節 支援スタッフの配置状況と教員の業務負担との関連

1 課題設定

⑴本節の目的

　本節の目的は、支援スタッフの配置状況と教員の業務負担との関連について分析することにある。OECD 第2回国際教員指導環境調査（TALIS）や平成 28 年度文部科学省教員勤務実態調査によって、日本の教員の長時間労働や教員の多忙化に関する実態が示され、本稿執筆時点（2018 年 1 月）では、教員の働き方改革や業務改善が社会的関心を集めており、教員の働き方改革にむけた政策提言の一つが、「チーム学校」である。

　「チーム学校」とは、「学校における多様な課題や教員の負担増に対応するために、教員に加えて、事務職員やスクールカウンセラー等の専門スタッフがそれぞれの専門性を活用し、従来教員が中心となって担ってきた業務や課題について、分担または連携・協力しながら組織的に対応する体制」（黒川 2017、1 頁）をさす。2015 年 12 月の中央教育審議会答申「チームとしての学校の在り方と今後の改善方策について」以降、教員の業務負担軽減にむけて、各学校への支援スタッフの配置を拡充する政策が進められている。

　しかし、「チーム学校」政策が想定するように、学校現場に支援スタッフが配置されることによって、教員の業務負担が軽減され得るのであろうか。このような点に着目した実証研究は、これまであまり行われてこなかった。そこで、本節では、支援スタッフの配置状況と教員の業務負担との関連について分析を行い、「チーム学校」がめざす支援スタッフの配置状況によって、教員の業務負担が軽減されるか否かにつ

いて検討を試みたい。

(2)分析対象と分析項目

　本分析対象は、調査対象校の各学年から1人選出された、学年主任等の各学年を代表する教員（以下、教員）とする。

　次に分析項目について記述する。まず教員の業務負担については、週あたり時間外勤務時間と業務負担感に着目する。週あたり時間外勤務時間は、次の3項目から概算した値を使用した。すなわち、学校行事等のない通常の1週間における、①勤務日1日の始業時刻前の仕事時間、②勤務日1日の終業時刻後の仕事時間、③休日1日の仕事時間の3つである。

　ただ、週あたり時間外勤務時間を構成する3項目は、いずれもいわゆるカテゴリ変数[1]であり、これら3項目からは厳密な時間外勤務時間を算定することはできない。そこで、時間外勤務時間数を概算するにあたって、選択肢の時間帯の中央値を割り当てることにした。すなわち、①については、1=15分、2=45分、3=1時間15分、4=1時間45分、5=2時間15分、②と③については、それぞれ1=30分、2=1時間30分、3=2時間30分、4=3時間30分、5=4時間30分、6=5時間30分とした。そのうえで、これら3項目の値を以下の式にあてはめ、週あたり時間外勤務時間を概算した。

　　週あたり時間外勤務時間＝（勤務日1日の始業時刻前の仕事時間＋

　　　　　　　　　　　　　　　勤務日1日の終業時刻後の仕事時間）×5日

　　　　　　　　　　　　　＋休日1日の仕事時間×2日

1　①は1=30分未満、2=30分〜1時間くらい、3=1〜1時間30分くらい、4=1時間30分〜2時間くらい、5=2時間以上の5値をとる。②と③ともに、1=1時間未満、2=1〜2時間くらい、3=2〜3時間くらい、4=3〜4時間くらい、5=4〜5時間くらい、6=5時間以上の6値をとる。

また、業務負担感については、「仕事の負担感から解放されない」「生活・生徒指導での苦労が多い」の2項目を使用する。前者を教員の仕事全般の負担感として、後者を特に生徒指導に伴う負担感として捉え、以下分析を行う。なお、これら2項目については、いずれも「1点＝まったくあてはまらない」「2点＝あまりあてはまらない」「3点＝まああてはまる」「4点＝とてもあてはまる」として、数量化を行った。

次に支援スタッフの配置状況について、本分析では、支援スタッフとして、スクールカウンセラー（SC）とスクールソーシャルワーカー（SSW）の2つに焦点をあてる。これら2つの支援スタッフは、2015年12月の中央教育審議会答申「チームとしての学校の在り方と今後の改善方策について」以降、複雑化・多様化する教育課題に対応するために、教員との連携が期待されるものであり、特に配置の拡充が計画されている支援スタッフである。

SCとSSWの配置状況については、それぞれの勤務日数に着目する。勤務日数は「勤務していない」「月に1日」「月に2日」「月に3日」、そして「月に4日」（週に1日勤務相当）、「月に5日程度」（週に複数日勤務相当）の6区分で分析する。

2　専門スタッフの勤務日数と教員の時間外勤務時間との関連

ここでは、勤務校でのSCやSSWそれぞれの勤務日数によって、その学校に勤務する教員の時間外勤務時間や業務負担感がどのように異なっているのかについて検討する。

なお、検討にあたっては、先行研究（例：神林2017）で、教員の時間外勤務時間や業務負担感を規定することが示されている性別や年齢による影響を統制した上での数値を算出し比較を行う。

(1) SCの勤務日数と教員の時間外勤務時間との関連

　勤務校におけるSCの勤務日数と教員の時間外勤務時間との関連については図1、勤務校におけるSSWと教員の時間外勤務時間との関連については図2のような結果が得られた。

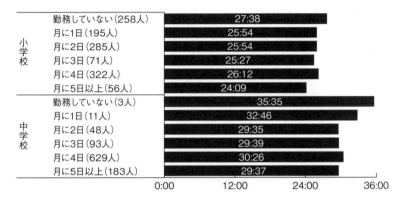

図1　SCの勤務日数と教員の週あたり時間外勤務時間との関連

　まず図1のとおり、SCの勤務日数と教員の時間外勤務時間との間には、小中学校ともに、SCが勤務していない学校の教員の時間外勤務時間は最も長く、月に5日以上SCが勤務する学校では、およそ教員の週の時間外勤務時間は短かった。勤務校にSCがいないという教員の週あたり時間外勤務時間は、小学校では平均27時間38分であり、中学校では平均35時間35分であった。また、SCが5日以上勤務する小学校では、教員の週の時間外勤務時間は平均24時間9分、中学校では平均29時間37分であった。

　しかし、図1からSCが多く勤務する学校で、一貫して教員の時間外勤務時間が短いのかというと、そうではない側面もうかがえる[2]。た

2　あわせて、SCが月に5日以上勤務するという教員は56人、中学校については、SCが勤務していないという教員は3人にとどまっていた。そのため、これらの教員が示す値は、全国の教員を代表するものか否かという点も留意する必要がある。

とえば、月に3日SCが勤務する小学校と中学校において、教員の時間外勤務時間は、それぞれ平均25時間27分、29時間39分であった。しかし月に4日SCが勤務する小学校の教員の時間外勤務時間は、平均26時間12分、中学校では平均30時間26分と、いずれも月に3日勤務する学校の平均値を上回っていた。

(2) SSWの勤務日数と教員の時間外勤務時間との関連

次に図2より、SSWの勤務日数と教員の時間外勤務時間との関連を検討すると、小中学校ともにSSWの勤務日数が5日以上の学校に勤める教員において、週の時間外勤務時間が最も長かった。SSWの勤務日数が5日以上の学校に勤務する教員の週あたり時間外勤務時間は、小学校で平均30時間14分、中学校で平均32時間49分であった。SSWの勤務日数が月に5日以上に続いて、教員の週あたり時間外勤務時間の平均値が大きかったのは、小中学校ともにSSWが勤務していない学校に勤める教員であった（小学校26時間26分、中学校平均30時間28分）。

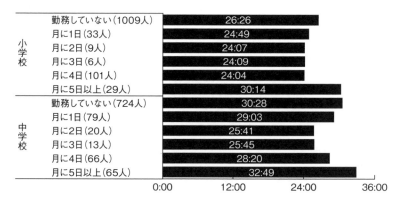

図2　SSWの勤務日数と教員の週あたり時間外勤務時間との関連

他方で、教員の週あたり時間外勤務時間の平均値が最も小さかったのは、小学校では SSW の勤務日数が月に 4 日の場合（平均 24 時間 4 分）、中学校では SSW の勤務日数が月に 2 日の場合（平均 25 時間 41 分）であった。

　このように、SSW の勤務日数が多い学校で、必ずしも教員の時間外勤務時間が短いというわけではないことが読みとれる。

3　専門スタッフの勤務日数と教員の業務負担感との関連

(1) SC や SSW の勤務日数と教員の仕事全般の負担感との関連

　SC や SSW の勤務日数と教員の仕事全般の負担感との関連について、それぞれ図 3、図 4 のような結果が得られた。

　まず図 3 が示すように、小中学校ともに仕事全般の負担感が最も大きかったのは、SC が勤務していない学校に勤める教員であり（小学校平均 3.261 点、中学校平均 3.320 点）、最も小さかったのは、SC が月に 5 日以上勤務している学校に勤める教員であった（小学校平均 3.124 点、中学校平均 3.098 点）。

　しかし、SC の勤務日数が多いからといって、一貫して教員の仕事全般の負担感が小さくなるという傾向は確認されなかった。たとえば、小学校では、月に 2 回 SC が勤務する学校に勤める教員の仕事全般の負担感は、平均 3.207 点であったが、月に 3 回の場合の平均は 3.211 点、月に 4 日の場合の平均は 3.213 点となっていた。中学校では、SC の勤務日数が月に 1 日の学校に勤務する教員の仕事全般の負担感は、3.150 点であったが、月に 2 日の学校に勤務する教員のそれは 3.223 点であった。

　次に、図 4 を用いて、SSW の勤務日数と教員の仕事全般の負担感との関連について検討する。図 4 より、SC と同様に、小中学校ともに、SSW の勤務日数と教員の仕事全般の負担感との間に、明確な関連を読

みとることは難しいが、小学校では、およそSSWの勤務日数が多い学校に勤める教員の仕事全般の負担感が大きかった。SSWの勤務日数が月に1日である小学校教員の仕事全般の負担感は、平均2.981点であった。これに対して、月に2日の小学校教員、月に3日の小学校教員、月に4日の小学校教員、そして月に5日以上の小学校教員では、仕事全般の負担感の平均値が、それぞれ3.523点、3.715点、3.109点、3.446点であった。

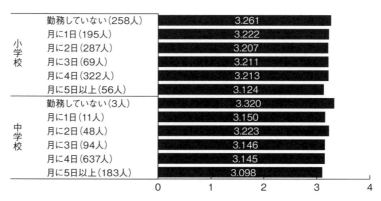

図3　SCの勤務日数と教員の仕事全般の負担感との関連

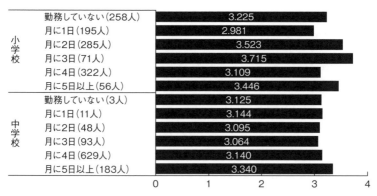

図4　SSWの勤務日数と教員の仕事全般の負担感との関連

⑵ SC や SSW の勤務日数と教員の生徒指導に伴う負担感との関連

　SC の勤務日数と教員の生徒指導に伴う負担感との関連については、図 5 のような結果が得られ、SSW の勤務日数と教員の生徒指導に伴う負担感との関連については、図 6 のような結果が得られた。

　図 5 より、SC の勤務日数が多いからといって、教員の生徒指導に伴う負担感が小さいとは必ずしもいえないことが読みとれる。小学校では、SC が勤務していない学校に勤める教員の生徒指導に伴う負担感は、平均 2.970 点であり、SC が月に 5 日以上勤務する学校に勤める教員のそれは、平均 2.954 点と両者の間に顕著な差は確認されなかった。中学校では、SC が勤務していない学校の教員において、生徒指導に伴う負担感が平均 2.644 点と、他を大きく下回った。しかし、中学校教員で生徒指導に伴う負担感の平均得点が高かったのは、SC が月に 1 回勤務するという教員であった（2.989 点）。

　次に、図 6 からは、小中学校ともに、SSW の勤務日数の多さと教員の生徒指導に伴う負担感の強さとの間に、一貫した関連を読みとることは難しい。その中で傾向を見出すとすれば、小中学校ともに SSW の勤務日数が 5 日以上の学校に勤める教員の生徒指導に伴う負担感が、相対的に大きいといえるであろう。

　一見すると、図 6 より、教員の生徒指導に伴う負担感の平均得点は、小学校では SSW の勤務日数が月に 3 日で最も高く（3.646 点）、これに続いて月に 2 日の 3.313 点が高いといえる。しかし、SSW の勤務日数が以上に該当する教員は、本分析対象の中でも数として極めて少ない。そのため、これらの教員が示す生徒指導に伴う負担感の強さが、全国の教員の実態を必ずしも反映していない可能性もあり、解釈には留意が必要といえる。

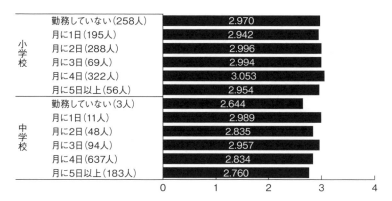

図5 SCの勤務日数と教員の生徒指導に伴う負担感との関連

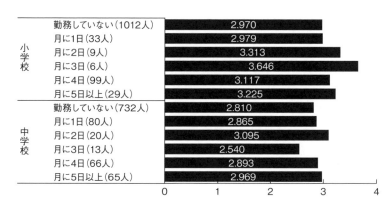

図6 SSWの勤務日数と教員の生徒指導に伴う負担感との関連

　そのうえで、あらためて図6を参照すると、小中学校ともに、SSWの勤務日数が月に5日以上の学校に勤める教員について、生徒指導に伴う負担感の平均得点が比較的高いことが読みとれる。SSWが勤務していない小学校の教員の生徒指導に伴う負担感は、平均2.970点であるのに対して、SSWの勤務日数が5日以上の小学校では、平均3.225点と大きかった。同様に、中学校では、SSWの勤務日数が月に3日の

学校に勤務する教員の生徒指導に伴う負担感の平均得点が 2.540 点と最も低かった。これに対して、SSW の勤務日数が月に 5 日以上の中学校に勤める教員の生徒指導の負担感は、平均 2.969 点であり、SSW の勤務日数が月に 2 日の場合に次いで、2 番目に高かった。

4 考察

本節の目的は、SC と SSW それぞれの勤務日数と教員の時間外勤務時間や業務負担感との関連について分析を行い、これらの支援スタッフを配置することによって、教員の業務負担が軽減しうるのか否かについて検証を行うことにあった。分析結果より、次の 2 点が指摘できる。

第 1 に、各学校に支援スタッフが配置され、支援スタッフが来校する頻度が多くなったとしても、教員の業務負担が軽減されるとはいいがたいということである。たしかに、SC が勤務していない小中学校では、教員の週あたり時間外勤務時間が長く、仕事全般の負担感も大きかった。さらに、SC が月 5 日以上来校する学校に勤める教員の週あたり時間外勤務時間は短く、特にこうした中学校教員の仕事全般の負担感も小さかった。

しかし SSW については、SSW が来校している学校に勤務する教員の方が、時間外勤務時間は長く、仕事全般の負担感や生徒指導に伴う負担感も強かった[3]。さらに SC や SSW が配置されている学校でも、これらの 2 つの支援スタッフの勤務日数が多いからといって、必ずしも教員の時

---

3 この背景には、以下の 2 つが考えられる。第 1 は、SSW が多く来校することで、教員が SSW への連絡調整に多くの時間をかけなければならなくなり、結果として時間外勤務や負担感が大きくなるというものである。第 2 は、逆因果である。すなわち、児童生徒をめぐる教育的な課題を多く抱える学校に、SSW が配置されている実態が、今回の調査結果に示されたというものである。今般の調査データでは、SSW が学校に配置される前後での教員の業務負担を比較することができず、以上のどちらが正しい推論なのかを示すことはできないため、今後の課題としたい。

67

間外勤務時間が短く、業務負担感も小さいわけではなかった。

　このように、専門スタッフの配置状況と教員の業務負担との間に、一貫した関連が確認できなかったが、第2の知見として、あらためて注目されるのが、SC や SSW の配置状況にかかわらず、教員の業務負担が深刻な状況にあるということである。

　2では、学校での SC や SSW の勤務日数別に教員の時間外勤務時間について算出した。あらためて図1～2を参照すると、SC や SSW の勤務日数のいずれの区分でも、教員の週あたり時間外勤務時間が、週平均で20時間以上であることが読みとれる。週平均で20時間以上の時間外勤務というのは、月あたりの時間外勤務時間が80時間超に相当し、過労死ラインを超えるものである（森岡2010、12頁）。したがって、本調査対象の小中学校教員の勤務実態は、SC や SSW が配置されている学校であっても、過労死ラインを超える状況にあるといえる。そのため、学校における専門スタッフの配置の有無にかかわらず、多くの小中学校教員が健康を害するリスクを抱えていることが推察される。

　さらに、本分析からは、多くの教員は強い業務負担感を有していることもうかがえる。3で着目した仕事全般の負担感や生徒指導に伴う負担感は、SC や SSW の勤務日数にかかわらず、多くの区分で平均得点が3前後であった（図3～6）。先述のとおり、業務負担感に関するこれら2項目は、いずれも最小値が1で最大値が4をとり、得点が大きくなるにつれて負担感が大きくなるものであった。とりうる値が1～4のなかで、仕事全般の負担感や生徒指導に伴う負担感の平均得点が3前後であることは、教員が解放されない強い業務負担感を有し、さらに生徒指導を行う上で何らかの困難に直面していることを意味する。SC や SSW が配置されている学校に勤務する教員も、仕事全般に対して強い負担感をもち、生徒指導に負担を感じている実態がうかがえる。

このように、過労死ラインを超える教員の時間外勤務を縮減し、業務負担感も軽減するためには、「チーム学校」政策のみでは、十分な効果を期待することはできない。冒頭で述べたように、「チーム学校」政策は、教員業務を支援スタッフに移行することで、教員の業務負担を軽減させると想定していたが、この想定自体があらためて問い直されているといえる。

（神林寿幸）

参考・引用文献

神林寿幸（2017）『公立小・中学校教員の業務負担』大学教育出版.

黒川直秀（2017）「『チームとしての学校』をめぐる議論」『調査と情報』947号、pp. 1–13、国立国会図書館調査及び立法考査局.

森岡孝二（2010）「働く人々の労働時間の現状と健康への影響」『学術の動向』15巻10号、pp.10 – 14、日本学術協力財団.

第4節　学習支援員にみる「チーム学校」の意義と課題

1　学習支援員に着目する理由

　本節では、さまざまに存在する学校支援スタッフの中でも、学習支援員に焦点を当て、その存在意義と課題について検討する。

　学習支援員は、量的には最も多い学校支援スタッフである。また、スクールカウンセラー、スクールソーシャルワーカー、部活動指導員などが、特定の子どもや教員に集中的にかかわるスタッフであるのに対して、学習支援員は、教室内の多くの子どもと接する存在である。しかし、そうであるにもかかわらず、学習支援員はスクールカウンセラーやスクールソーシャルワーカーのような有資格職ではないこともあり、「チーム

学校」の議論において周縁に置かれていることは否めない。学習支援員に着目することで、今後の教育施策における基礎的資料を提供できるものと考えられる。

以下、3つのリサーチクエスチョンを追究する。第1は、学習支援員はどのような人たちなのか、第2は、学習支援員はどのような学校にいるのか、第3は、学習支援員はどのような学校で役立っているのかである。

2　学習支援員はどのような人たちなのか

学習支援員調査の結果から、学習支援員の基本的な属性を検討する。ただし、調査の設計上、出勤日数が少ないスタッフからは調査票が回収されづらいため、分析対象者は、学習支援員の中でもある程度本格的に働いている人々が中心である。男女割合、教員免許所持割合、年齢構成をそれぞれ示したものが図1～3である。教員免許は、一種免許・二種免許・専修免許のいずれかを取得していれば、「免許あり」とした。

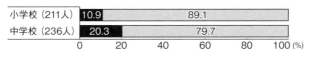

図1　学習支援員の男女割合

図2　学習支援員の教員免許所持割合

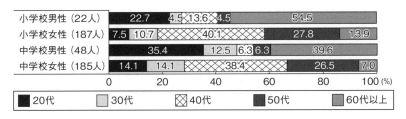

図3　学習支援員の年齢構成（男女別）

　図1から、学習支援員は女性が多いことがわかる。また、図2から、教員免許所有者が多数であることがわかる。資格という点では、スクールカウンセラーやスクールソーシャルワーカーに劣らず、専門職として機能しているとも言える。図3が示すように、年齢構成は性別によって大きく異なる。男性は20代と60代以上が多い。20代では教員採用試験への合格をめざしつつ働いているケースが多く、60代以上では定年退職した元教員が働いているケースが多いと考えられる。女性は40代と50代に集中している。これは、子育てを終えた主婦が、資格を生かして仕事復帰したケースが多いためと考えられる。

3　学習支援員はどのような学校にいるのか

　教務主任調査から学校単位の分析を行い、学習支援員がどのような学校にいるのかを明らかにする。学校の属性としては通塾率・通常学級特別支援率・就学援助率の3つに着目する。分析結果が図4～6である。
　通塾率は、小学6年生または中学3年生における通塾率を表し、小学校では30%未満を低群、30～50%を中群、50%以上を高群とし、中学校では50%未満を低群、50～70%を中群、70%以上を高群とした。通常学級特別支援率は、小学校では3%未満を低群、3～7%を中群、7%以上を高群とし、中学校では2%未満を低群、2～4%を中群、4%以上

を高群とした。ただし、通常学級特別支援率が50%を上回る学校が小学校で1校、中学校で2校存在したため、誤回答と判断して分析から除外した。就学援助率は、小中学校ともに5%未満を低群、5〜11%を中群、11%以上を高群とした。学習支援員数が無回答の学校は、学習支援員がいないものとみなし、0人として扱った。

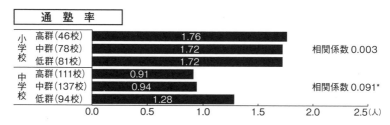

図4　学校の通塾率ごとの学習支援員数の平均値
　　　　　相関係数はピアソンの積率相関係数の絶対値。* は有意確率0.1未満。

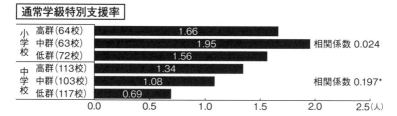

図5　学校の通常学級特別支援率ごとの学習支援員数の平均値
　　　　　相関係数はピアソンの積率相関係数の絶対値。* は有意確率0.1未満。

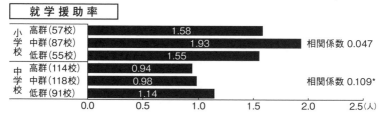

図6　学校の就学援助率ごとの学習支援員数の平均値
　　　　　相関係数はピアソンの積率相関係数の絶対値。* は有意確率0.1未満。

図4～6の結果をみると、小学校には学習支援員がいることが多い（平均1.77人）が、どのような学校にいるかについては、明確な傾向はみられない。多くの学校に一律、もしくは特定の優先順位はなく配置されていると考えられる。一方、中学校では小学校と比べて学習支援員が少なく（平均1.03人）、通塾率が低いほど、特別支援率が高いほど、就学援助率が低いほど、学習支援員が多く配置されている。通塾率と特別支援率については合理的と考えられるが、就学援助率が低い学校で学習支援員が多い（つまり、就学援助率が高い学校で学習支援員が少ない）という結果は注目に値する。就学援助率が高い学校は自治体が財政的に厳しいことが多く、また、地域の人材確保が難しいため、学習支援員が配置されづらいと考えられる。

4　学習支援員はどのような学校で役立っているのか

　学年代表調査から教員個人単位の分析を行い、学習支援員がどのような学校で役立っていると認識されているかを明らかにする。なお、学習支援員が役立っているかについては、教員が「（学習支援員が）勤務負担軽減に役立っている」と感じている割合で捉える。あくまで教員の主観であるため、実際には役立っているのにそのことが認識されていない可能性や、実際には役立っていないが役立っているように誤認されている可能性があることには注意を要する。分析結果が図7～9である。なお、学習支援員が勤務していないケースは、分析から除外した。

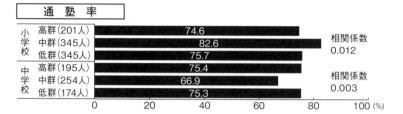

図7　学校の通塾率ごとの学習支援員による負担軽減認識
　　　　　　　相関係数はスピアマンの順位相関係数の絶対値。* は有意確率 0.1 未満。

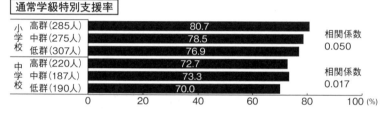

図8　学校の通常学級特別支援率ごとの学習支援員による負担軽減認識
　　　　　　　相関係数はスピアマンの順位相関係数の絶対値。* は有意確率 0.1 未満。

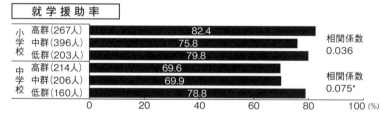

図9　学校の就学援助率ごとの学習支援員による負担軽減認識
　　　　　　　相関係数はスピアマンの順位相関係数の絶対値。* は有意確率 0.1 未満。

図7～9から、まず、学習支援員は比較的多くの教員から役立っていると認識されていることがわかる。小学校全体では79.0%、中学校全体では71.4%である。しかし、通塾率・特別支援率・就学援助率の高さと、

学習支援員による教員の勤務負担軽減の認識はほとんど関連していない。例外的に関連がみられるのは、中学校において就学援助率が高いほど、教員の勤務負担軽減が認識されていないことである。

　この知見は一見すると、従来の研究知見と矛盾するものである。地域の就学援助率と児童生徒の学力の間に強い関連がみられることはよく知られており、就学援助率が高い地域では、家庭による学習支援も困難な状態にあることが多い。そのような地域の学校でこそ、学習支援員の意義が大きいと考えられる。ところが同時に、そのような地域の学校では、学習困難の程度が大きいからこそ、学習支援員が実際には役立っていても、教員にとって負担が軽減されていると認識されづらいのではなかろうか。比喩的に述べれば、焼け石に水をかけることによる冷却効果は現実には大きいが、常温にするまでには至らないため、効果がないように誤認されてしまうという推論が可能である。

　さらに、就学援助率が高い学校では、教員が学習指導・生活指導に多忙であるため、学習支援員と連携をとる時間が十分に確保できず、役立ち感を実感する機会が少ないという可能性も考えられる。この推論を裏づけるため、学校の就学援助率ごとの、教員と学習支援員の連携状況を図10に示す。教員が「（学習支援員と）連絡・調整をしている」と回答した割合を算出している。図7～9と同様、学習支援員が勤務していないケースは分析から除外した。

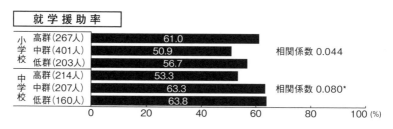

図10 学校の就学援助率ごとの教師による学習支援員との連携
相関係数はスピアマンの順位相関係数の絶対値。* は有意確率 0.1 未満。

　図10から、まず、学習支援員と連携をとっている教員が約半数であることがわかる。小学校全体では56.2%、中学校全体では59.0%である。そして、前述の推論通り、中学校では、就学援助率が高いほど、教員と学習支援員の連携の頻度が少ないことがうかがえる。教員の学習指導・生活指導における多忙がその背後にあると考えられる。このことが、教員が学習支援員の効果を認識していない一因になっている可能性がある。

5　今後の教育施策への示唆

　本節で得られた主な知見は3つである。第1に、学習支援員は教員免許保持者が多く、資格による質保証がかなりの程度なされている。また、男女それぞれの潜在的人材の受け皿になっている。第2に、学習支援員の配置は、小学校では学校の属性と関連がみられない。中学校では通塾率が低い学校や特別支援率が高い学校に多く配置されているが、就学援助率が高い学校ほど配置されていないという実態も存在する。第3に、通塾率・特別支援率・就学援助率の高さと、学習支援員による教員の勤務負担軽減の認識はほとんど関連していない。例外として、就学援助率が高い中学校ほど、教員の勤務負担軽減が認識されていない。

以上の知見から、学習支援員の配置について、小学校と中学校で異なる課題が存在していることがうかがえる。小学校においては、多くの学校に一律もしくは特定の優先順位なく学習支援員が配置されている。これはある意味「平等」であるが、通塾率が低い学校や特別支援率・就学援助率が高い学校への配慮がなされていないという点では、「不平等」という見方もできる。今後の教育施策を考える上で、「何をもって平等とみなすのか」の議論が不可欠であることが示唆される。

　一方、中学校への学習支援員の配置については、通塾率や特別支援率という点では配慮がなされているが、就学援助率が高い学校ほど学習支援員が少ないという事態も生じている。しかし、就学援助率が高い学校における児童生徒の学力・学習状況をかんがみれば、それらの学校でこそ学習支援員の必要性が高いと考えられる。就学援助率が高い学校の学習支援員を、少なくとも平均的な水準まで確保することが提案できる。学習支援員の配置は教員の配置と異なり、全国的な基準や予算が存在しないため、自治体や各学校に雇用を全面委任すると、財源や人材という点で、必要な学校に配置されない事態が生じてしまう可能性がある。「チーム学校」の推進が新たな教育格差を伴わないためには、全国的な基準や予算を一定程度まで整えることも検討の余地がある。

　また、以上のことに加えて、就学援助率が高い中学校において、学習支援員が役立っていることを教員に実感してもらうことも重要だろう。それらの学校において、教員の主観として他校よりも低い評価しか与えられていない現状では、せっかく学習支援員が配置されても、十分な役割を与えられないことや、貢献を正当に評価されないことが起こり得る。学習支援員の配置によって、厳しい家庭環境の子どもの学力が（ある程度まで）底上げされた事例を紹介することなどが、有効かもしれない。

　なお、本稿では学習支援員が役立っているかについて、あくまで教員の

主観的側面しか分析していない。学校支援員が実態として、教員の学習
指導の苦労を軽減しているかどうかについての多変量解析の結果は、後
日刊行の報告書（99 ページの URL 参照）にて示す予定である。

（須藤康介）

第4章 諸外国における支援スタッフの現状

第1節 英国の支援スタッフ問題

1 教員の働き方の現状と課題

英国（イングランド）では、学校の教職員の給与制度や勤務条件の
ルールは、中央政府レベルの独立機関（STRB）の勧告に基づき教育大
臣が定めることとされている。1988年以降、学校に予算と人事権を委譲
した「自主的学校運営」（Local Management of Schools）が行われてい
るため、各学校に置かれる理事会が、当該ルールに基づき教員の給与や
勤務条件を決定し、給与を支給する仕組みとなっている。また、教員の
採用についても、地方当局は形式的な教員の雇用者ではあるが、実質的
には各学校において決定される。

英国の学校では、人事や予算そして運営の権限が学校理事会に与えら
れている一方、教職員配置の基準が原則ないことから、どのような教職
員を何人雇用するのかは各学校がその実情や予算に応じて判断すること
とされ、学校毎に様々である。

上記の教育大臣が定める給与及び勤務条件のルールである「教員給
与及び勤務条件に関する文書（School Teacher's Pay and Conditions
Document：STPCD)」において、教員の年間勤務日数は195日と定めら
れ、そのうち190日は、「授業及びその他の業務」、残り5日は、「その
他の業務のみ」とされ、勤務日の195日は使用者によって特定されなけ

79

ればならないとされている。また、労働時間の特定については、教員の担当授業時数に関する定めはなく、校長の具体的な指示を受けて労働する時間として年 1,265 時間が決められているだけである。なお、授業の企画・準備、生徒の成績評価、進捗状況の記録、報告作成等の専門的な職務を効果的に果たすために必要な時間については、使用者（校長）が時間数や日時を特定してはならないとされており、これら教員が行うべき業務の遂行に必要な追加的労働時間に上限規定がないことから、長時間労働の原因になっていると指摘されている。このように、英国の教員には、年間勤務日数と年間労働時間数の定めがあるのみで、ここには時間外労働及び時間外手当という概念はなく、教員の勤務に対しては、包括的に給料で評価される仕組みとなっている。

　2013 年の「OECD 国際教員指導環境調査（TALIS）」の結果では、教員の 1 週間当たりの勤務時間は、日本が 53.9 時間と最長であるが、英国（イングランド）も 45.9 時間と調査参加国平均の 38.3 時間を大きく上回っており、教員の長時間労働の問題は深刻となっている。

2　2003 年労働協約「教員の労働時間等の業務負担軽減と多忙化の解消に向けて～労働時間の基準設定」

　英国の公立学校では、教員の確保及び教員の離職率の高さの課題を抱えており、その背景には教員の給与水準が十分でないこととともに教員の長時間労働の問題が指摘されている。教員の長時間労働の大きな要因となっている「不必要な仕事の量（unnecessary workload）」を削減することが喫緊の課題であることから、1998 年には、教育雇用省（現教育省）は、学校における教育水準の向上を図るための条件整備の一環として「教育を支援する職」としての学校職員を拡充することをねらいとして、「教員がしなくともよい業務」として 25 項目を提示した。これを

受けて、2001 年には、教育技能省（現教育省）は、報告書「Teacher Workload Study」において、今後取り組むべき課題として「事務的な業務を教員から学校職員に移行するための支援体制を構築すること」などを提言し、これを踏まえて、2003 年、教育技能省、校長会、教員組合などとの間に、「教員の労働時間等の業務負担軽減と多忙化の解消に向けて～労働時間の基準設定」の全国協約が締結された。この協約において「教員が日常的に不必要な事務業務を行わない」、「教員が適切なワーク・ライフ・バランスを保てる」などの労働条件の下、「教員や子どもを支援するための学校職員の制度を改革する」ことが合意された。

　この合意の結果、教員の業務の精選を図ることをねらいとして、「教員が日常的にしなくても良い管理的及び事務的業務」（82 ページの図表を参照）が決められ、当該業務を Teaching　Assistant（TA）や事務職員等が担うことで、教員が専門的な職務に専念できるよう教員の勤務改善が図られた。

　ここで、「教員が日常的にしなくとも良い業務」であるかどうかの判断には、STPCD によれば、以下の 3 つの問答（Key Tests）を用いるとされている。すなわち、(a) そもそも行わなければならない必要な業務なのか、(b) 管理的又は事務的な性質の業務なのか、(c) 教員の専門的な技能又は判断の行使が求められるものか、の 3 つである。教員の担うべき業務であるかどうかを仕分ける基準としての 3 項目については、STPCD によれば、(a)、(b) に該当しても (c) に該当しない場合には、教員が遂行する必要のない業務であると判断されるが、あくまでも現場の判断で柔軟にどうするのが良いかを選択することができるようになっている。このような教員の業務の精選と業務の他職種への移行に伴って、授業を担当する教員以外の職員を増員することとなり、その結果、現在英国では、教職員総数に占める教員以外の職員の割合は約 49％になり、

教員と教員以外の職員の割合は1対1に迫ろうとしている。

イギリスの教員が日常的にしなくてもよい管理的業務及び事務的業務

●児童生徒や親からお金を集めること
●児童生徒の欠席を調査すること
●大量のコピーをとること
●手書きの文書を入力すること
●児童生徒や親宛に定期的に出す便りを作成すること
●クラスの名簿を作成すること(作成者への情報提供は行う)
●記録をファイリングして保存すること(保存する人への記録提出は行う)
●教室の飾りを準備したり掲示したり取り外したりすること(指示は行う)
●出席率の分析を行うこと
●試験結果の分析を行うこと
●児童生徒の作成したレポートの順番を整理すること
●児童生徒の職業体験の管理をすること(ただし、場所の選択やアドバイス
　や訪問による児童生徒の支援は行う)
●試験を実施すること
●公的な試験や学校内試験の試験監督をすること
●休んだ教員の代替の管理をすること
●ICT機器の注文、セットアップやメンテナンスを行うこと
●新たなICT機器を発注すること
●消耗品や備品の注文を行うこと
●消耗品や備品の棚卸しをすること
●教材や備品のリスト作成、保存管理などを行うこと
●議事録を作成すること
●入札の調整や提出をすること
●個人的な助言を求めたり、与えたりすること
●生徒のデータを管理すること
●生徒のデータを学校の管理システムに入力すること

(連合総研「日本における教職員の働き方・労働時間の実態に関する調査研究報告書」
(2016) より)

3　支援スタッフ配置の背景

　英国の教員は、他の先進諸国の教員と同様に、主に授業に特化してその業務を担っており、日本の教員が、教科指導、生徒指導、部活動指導

等を一体的に行うこととは大きな差異がある。教員の担う業務としては、「児童生徒の指導に関わる業務」、「学校の運営にかかわる業務」、「外部対応に関わる業務」の３つに区分されるが、ここで国立教育政策研究所（2017）が英国を含む海外７か国を対象として行った教員業務の調査を見ることとする。

　この調査結果からは、英国の教員は、「学校の運営にかかわる業務」である【校内巡視】、【国や地方自治体の調査・統計への回答】、【文書の受付・保管】、【予算案の作成・執行】、【施設管理・点検・修繕】、【学納金の徴収】、【教師の出張に関する書類の作成】、【学校広報】、【児童生徒の転入・転出関係事務】にはまったくかかわっていないことがわかる。また、「外部対応に関わる業務」については、【地域行事への協力】を除いて【家庭訪問】、【地域のボランティアとの連絡調整】、【地域住民が参加した運営組織の運営】にはかかわっていない現状にある。さらに、教員が本来的に担うべき「児童生徒の指導に関わる業務」についてみても、【朝のホームルーム】、【運動会、文化祭など】、【運動会、文化祭などの運営・準備】、【進路指導・相談】、【問題行動を起こした児童生徒への指導】、【児童会・生徒会指導】は担当しているものの、【登下校の時間の指導・見守り】、【欠席児童への連絡】、【教材購入の発注・事務処理】、【成績情報管理】、【教材準備（印刷や物品の準備）】、【課題のある児童生徒への個別指導、補習指導】、【体験活動の運営・準備】、【給食・昼食時間の食育】、【休み時間の指導】、【校内清掃指導】にはかかわっていないことがわかる。

　このように英国の教員の業務は、授業にほぼ特化したものとなっており、授業準備をはじめとして教育指導以外の業務が、教員以外によって担われていることから、英国の学校における教員以外の専門スタッフの割合は、教員の51％に対し、49％を占め、教員が管理的業務及び事務的業務を日常的に行わなくともよい体制が整えられている（84ページ図参

照）。

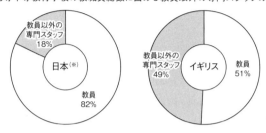

専門スタッフの割合の国際比較
○初等中等教育学校の教職員総数に占める教員以外の専門スタッフの割合

出典：文部科学省「学校基本調査報告書」（平成25年度）、"Digest of Education Statistics 2012"、"School Workforce in England November 2013"
※1　日本は小・中学校に関するデータ
※2　日本における専門スタッフとは、養護教諭、養護助教諭、栄養教諭、事務職員、学校栄養職員、学校図書館事務員、養護職員、学校給食調理従事員、用務員、警備員等を指す
※3　イギリスにおける専門スタッフとは、司書、メンター、医療及び看護職員等を指す

4　支援スタッフの導入状況

　英国では、教員の勤務負担軽減を図るための勤務環境の整備と学校教育の水準向上を図るための手段の一つとして、学校職員（support staff）の整備拡充を図るとともに、多様な職種の学校職員を配置する取り組みが行われている。

　学校職員の人数は、制度の拡充整備が講じられ始める以前の1997年には、134,000人であったが、2009年までに346,000人と大幅に増加した。2011年現在の学校職員の職種別人数を見ると、「補助教員」（teaching assistants）が219,800人、「その他の学校職員」（other support staff）133,900人、「補助職員」（auxiliary staff）84,200人、「上記以外の学校職員」（third party support staff）41,100人となっており、

教員（teacher）449,500 人を含めて合計 875,900 人の教職員が公立学校に配置されている。

「補助教員」の内訳では、「補助教員」（上級補助教員、保育担当職員、保育担当職員補助者、読み書き計算担当補助者、学習メンター、教室内教員補助者をいう）が 194,000 人、「特別支援担当補助教員」が 24,900 人、「移民等担当補助教員」が 900 人となっている。

次に、「事務職員」の内訳では、「秘書及び事務職員」16,200 人、「会計及び財務担当職員」14,000 人、「その他の事務職員」49,700 人となっている。

さらに、「その他の学校職員」の内訳では、「メンター及び看護、医療系職員」1,600 人、「保育職員」10,300 人、「その他の教育系補助職員」17,800 人となっている。

これらのほか、「補助職員」（給食や清掃等の業務を担当する職員）84,200 人、「技術者」24,300 人が勤務している。

学校職員数の 2005 年から 2011 年までの変遷を見ると、「補助教員」、「事務職員」、「技術者」、「その他の学校職員」いずれも増加傾向にあるが、その中でも「補助教員」の増加率が高い傾向にある（200％を超える増加率）。

5　学校職員の種類・職務及び処遇

英国の学校には、教員以外の職として多様な職種の職員が配置されている。これら学校職員を機能別に分類すると次の 5 つに分類することができる。

①学習支援

教室で教員と活動し、生徒の学習を支援する職員

Teaching assistants, Higher level teaching assistants　など

②事務

　学校全体の運営事務を支援する職員

　Administrator, School business manager, Secretary など

③福祉及び児童生徒支援

　休憩時間、ランチタイム、学校外の時間など教室以外での児童生徒の福祉等に関する支援を行う職員

　Learning mentors, Midday supervisor, Parent support advisor など

④専門技術

　教授学習の資源の運用に関する支援を行う職員

　Librarian,　ICT staff, Food technician, Science technician など

⑤施設管理等

　学校の環境を整理整頓し、児童生徒の安全確保及び昼食の用意に当たる職員

　Catering staff, Cook, Cleaning staff, Premises manager など

　次に、これら学校職員の採用については、公立学校の学校職員は基本的に地方当局に雇用される。また、学校職員の給与は職種によって多様であり、その給与は地方当局が決定するため、地方自治体による違いがある。さらに、その勤務形態は、フルタイムの場合とパートタイムの場合に分かれる。2011 年現在、補助教員のフルタイム勤務者は 45,400 人であるのに対し、パートタイム勤務者は、174,400 人に上っている。補助教員以外の学校職員については、フルタイム勤務者が 73,900 人であるのに対し、パートタイム勤務者は 60,000 人となっている。補助教員とそれ以外の学校職員で比較すると補助教員の場合はパートタイムでの勤務形態が多く、それ以外の学校職員ではフルタイムでの勤務形態が多い傾向にあることがわかる。

　英国の学校では、教員も教員外の職員も、学校と労働契約を結び業務

に従事することとなるが、その労働契約の内容に基づいて、その職務に従事するに当たり必要な研修の機会が提供され、職能開発が行われる仕組みとなっている。

（樋口修資）

参考・引用文献

諸外国教員給与研究会（2007）『諸外国の教員給与に関する調査研究報告書』国立教育政策研究所.

国立教育政策研究所（2013）『Co‐teaching スタッフや外部人材を生かした学校組織開発と教職員組織の在り方に関する総合的研究（外国研究班）最終報告書』国立教育政策研究所.

西原礼奈（2016）「イギリス公立学校教職員の長時間労働対策の実際と課題」、連合総合開発研究所『日本における教職員の働き方・労働時間の実態に関する研究委員会報告書』pp. 207 - 215、連合総合開発研究所.

国立教育政策研究所（2017）『学校組織全体の総合力を高める教職員配置とマネジメントに関する調査研究報告書』国立教育政策研究所.

第2節　ドイツの支援スタッフ問題

1　教員の働き方の現状と課題

　ドイツは16州からなる連邦国家である。学校教育に関する権限は基本的に各州にある。教員の労働条件は州ごとに文部省によって決められるため、州ごとに多少の違いがある。本節においては特に明記した場合以外はドイツ全体の一般的状況について述べている。

　ドイツの教員の働き方で特記すべき点は、勤務が「時間」によってではなく、一週間あたりの担当授業数によって決められていることである。たとえば小学校教員の場合は週26コマ、中等教育のギムナジウム教員

は週24コマ、などとなる（表1参照）。担当授業以外は教員の本務では
ないことになり、一般に授業の直前に出勤し、その日の最後の授業が終
わるとただちに退勤する教員が多い。そのため連絡や調整、企画立案な
どのための会議を開催することが難しい。勤務の一部に研修を組み込む
ことも難しい。

表1　16州の週あたり持ちコマ数

学校種別	最低-最高（45分換算）
基礎学校（初等教育）	27-28.5
基幹学校（中等教育）	26-28
実科学校（中等教育）	24-28
ギムナジウム（中等教育）	23-27
特別支援学校	25-31

＊61歳以上の教員について1コマ程度の軽減を規定する
　州がある。公立学校教員の定年は65歳から67歳である。

　「持ちコマ制」は、授業以外に教員の仕事がないことを意味するわけ
ではない。授業準備、課題の採点、成績処理などの業務は当然に職務の
中に含まれる。これらの仕事はすべて教員の自宅で行われることになる。
したがって仕事に充てている時間を全て合計すれば週40時間をかなり
上回る可能性がある。実際、ドイツ教員組合[1]の委託によって実施された
最新の調査結果によれば、ドイツの公立学校の教員は平均して「週あた
り41時間40分」働いている（Hardwig und Mußmann,2018）。ただし
この数字は学校の長期休業期間を含めて年間の総労働時間を除した数値
であるため、授業期間中の週あたり労働時間ははるかに長く、ほとんど
の教員は土日も学校のための仕事をしていることに注意しなければなら
ないと強調されている。要するに「持ちコマ制」の下では持ち帰り仕事

1　Die Gewerkschaft Erziehung und Wissenschaft (GEW)。なお教員組合は労働条
　件について交渉することができ、一定の条件の下でストライキをすることもある。
　本書の共同研究に関連して実施した2017年2月のベルリン調査の際も調査日程の
　翌日はストライキによる休校が予告されていた。

が多くなり、勤務することを要しない長期休業期間を勘案しても、ドイツの教員の労働時間は通常の労働者より長い。なおドイツでは一般の労働者、公務員は一般に残業をしない。公務員の標準的な週あたり労働時間は 38.5 時間、一部の産業分野では 35 時間制が導入されている。

　ただしこの状態がドイツにおける教職の社会的地位に悪影響を与えているかというと、そうとはいえないようである。こうした勤務形態は教職のあり方の社会的通念の中に固く組み込まれており、むしろ教職志望者はそうした勤務形態を好んで志望するという傾向があるともいわれている。

　教員の「持ちコマ制」は、歴史的に形成されてきた「半日学校」と呼ばれる学校運営の型と対応している。半日学校とは、休み時間を短めにして朝から授業を詰め、およそ午後 1 時までには下校するシステムを指す。児童生徒は帰宅してから昼食を取ることになる。このシステムの下では、午後 1 時半を過ぎる頃には校舎内には児童生徒も教員も残っていない。この半日学校は、公権力の介入である学校教育が子どもの生活時間の半分以上を占めることは望ましくないという理念に拠っている。学校論的にいえば、ここでは学校の役割は「知育＝授業」に限定されており、生活指導や人格形成のような要素は重視されていない。それらは家庭や地域社会の役割とされているのである。この考え方自体は、日本の学校の現実と比較すると興味深い。

　なお参考にドイツの 1 クラスあたりの児童生徒数の規定も挙げておく。州により違いがあるが、まとめると初等教育の段階では「1 クラス 13 人から 29 人」、中等教育の段階では「14 人から 32 人」の枠内で各学校が決定することになる（国立教育政策研究所、2015、14 ページ以下）。

2 支援スタッフ配置の背景

　ドイツの伝統的な支援スタッフとしては「学校事務」と「校舎管理人」がある。ドイツの学校事務は、日本の学校事務職員と比較すると行政・経理の実務の比重がやや薄く、「校長の秘書」的な仕事の比重が高い（前原健二、2014）。校舎管理人は施設設備の管理者として常駐している職員である。近年ドイツの学校においても教員以外の支援スタッフが増えている。まず、比較的新しく学校現場での存在感が増している支援スタッフとしては授業中に個々の児童生徒の支援や介助を担当する「教育支援員 Pädagogischer Unterrichtshilfe」（PU と略されることがある）、「学校ソーシャルワーカー」、自由時間の安全確保などを担当する「監護人」などがある。

　これらの比較的新しい支援スタッフが配置される背景としては、3つの点を挙げることができる。第1に、前述の半日学校から「終日学校」への転換である。午後4時、5時まで学校の中で過ごすことのできるシステムは「終日学校（または全日学校とも訳す）」と呼ばれる。半日学校のシステムは伝統的な家族像、つまり午後1時過ぎに下校すれば昼食を用意して親ないし祖父母が待っているという家族像を前提としている。これに対して、両親がともに仕事に就いている家庭、祖父母と同居しない家庭、1990年代からのドイツ語を母語としない移民家庭、そして近年の難民家庭の児童生徒の増加によって学校から帰宅したあとの午後の時間を豊かに過ごせる子どもたちとそうではない子どもたちの間の格差が問題になってきているのである。終日学校のシステムは、そうした子どもたちの間の格差の縮小を図るものとして多くの州で拡張が進められてきている。この終日学校のシステムによって新しい支援スタッフが必要とされてきている。というのも終日学校では午後の時間に「授業」が入るわけではないからである。一般に午後の時間には監督責任者の管理の

下での自由時間、宿題支援、日本でいうところのクラブ活動的な活動や学童保育的なサービスが提供される。

　支援スタッフが配置される第2の背景として、インクルーシブ教育の進展が挙げられる。教室内で様々な支援を必要とする子どもたちのために支援や介助のためのスタッフが配置される。

　支援スタッフが配置される第3の背景は難民の児童生徒の増加である。私たちが調査で訪れたベルリン市の実例では、ベルリン市へ難民として入ってきた家庭の学齢児童生徒は自動的に居住地の公立学校へ就学し、「ウェルカム・クラス」と呼ばれるドイツ語の速習クラスに入る。ウェルカム・クラスは数週間から長くても2ヵ月程度で終了し、そのあとは一般クラスで通常の授業を受ける。もちろん言語的にも実際の学習面でもただちに順応できるわけではないから、サポートのための支援スタッフが配置される。

　上記のように、教員以外の支援スタッフの配置は学校の役割の拡張と並行して進んでいる。これらの新しく拡張された役割が「教員」以外の職の担い手によって担当されているという点で「役割分業型」のスタッフ配置である。役割分業型の学校教育の拡張は、教員の労働負担を増やすことなく新しい課題に対応する方策として評価することができる。

3　支援スタッフ配置の状況

　ドイツにおいて、教員以外の支援スタッフは学校にどの程度配置されているのだろうか。今のところ、具体的な員数を正確に示す統計資料が存在しないというのがドイツの研究者の間でも通説となっている。統計が不備になる大きな理由は2つある。ひとつは教員以外の支援スタッフの雇用法が一様でないことである。公立学校教員は州の公務員であり、配置の基準も明確である。支援スタッフは学校設置者である市や郡が雇

用する場合と州が特別な補助金プログラムなどによって雇用配置する場合があり、さらに学校行政部局を通して雇用される場合と福祉行政部局を通して雇用される場合がある。多くの場合（7割から8割といわれている）、雇用形態は非常勤かつ任期付きであり、任期なしの常勤（つまり正規雇用）はとても少ない。統計が不備になるもうひとつの要因は支援スタッフの仕事内容が「教育」と「福祉」の重なった領域にあるため、学校・教員関係の統計に算入するか福祉関係の統計に算入するかがはっきりしないことである。

　教育支援員については、私たちが訪問したベルリン市内の基礎学校では原則として各クラスに1人（ただし週に8時間）、特別な支援を必要とする児童ひとりにつき1人（ただし週に20時間）が雇用されていた。一部の教育支援員は、午後の時間は監護人としても勤務していた。

　学校ソーシャルワーカーについては、「ドイツ全体で見ると全公立学校のおよそ2校に1人」という推計がある（Zankl, 2017, S.14）。ただし私たちが訪問したベルリン市内の中等学校には、総生徒数およそ1,100人に対して常勤4人、非常勤5人の学校ソーシャルワーカーが配置されていた[2]。

　学校カウンセラーについてもはっきりした統計は存在しないと思われるが、ベルリン市の場合にはある程度の大きさの区域ごとに相談センターが置かれ、学校カウンセラーは基本的に相談センターに常駐している。必要に応じて生徒が相談センターへ出向くことになる。このようにみると「学校ソーシャルワーカー」に比べて「学校カウンセラー」の配置が薄いようにも思われるが、次項で見るように学校ソーシャルワーカーの主要な業務の中に「相談・話し相手」が含まれているので、カウ

2　ベルリン市では生徒の総数、支援の必要な生徒数、支援内容、必要な時間数などを細かく算出して支援スタッフの配置数を決定するガイドラインが毎年、策定され、公表されている。ここでは煩雑になるので割愛した。

ンセリングとソーシャルワークの業務の区切り方に違いがあるということが考えられる。

4　支援スタッフの資格・待遇

　ドイツの労働世界は体系的な公的職業資格制度の上に成り立っている。原則としてすべての職、たとえば公務員、小売店員、工場労働、企画開発などについても「職種」ごとに取得すべき職業資格が設定されている。3年程度の職場訓練と職業学校での並行的学修（デュアル・システムと呼ばれるもの）を経て商工会議所が中心となって実施する最終試験に合格して初めて特定の職種に正規に雇用されることができる。2年間程度の座学の後に長期の実習（インターン）を行い資格取得に至るものもある。大学ではすべての学部学科のコースが何らかの職業資格につながっており、大学での学修それ自体が一種の職業訓練とみなされる。この場合、大学の学位（学士）が職業資格として通用する。

　「学校ソーシャルワーカー」として働くためにはそれ相応の資格を保持する必要がある。現在のところ、学校ソーシャルワーカーにふさわしい資格は「大学又は専門大学[3]におけるソーシャルワーク学位または社会教育士学位」「専門学校におけるソーシャルワーカー資格」「専門学校における教育士資格」と幅がある。「関連する資格なし」で学校ソーシャルワーカーを務めている場合もある。現在学校ソーシャルワーカーとして勤務している人の7割程度は「専門大学における学位」取得者であるという推計がある。これによるならば、ドイツの学校ソーシャルワーカーは「専門大学」職であるということができる。専門大学及び大学へは、第13学年（第12学年の場合もある）修了後に大学入学資格（または専

3　学術中心の「大学」に対して「専門大学」はやや実務実業に注力した高等教育機関である。歴史的な経緯から「大学」の方が「格上」とみなされる。なお、ドイツの「専門学校」は16歳から19歳の生徒が通う専門的な職業教育のための学校である。

門大学入学資格）を取得してから進学することになる。「大学」職ない
し「専門大学」職には一定の社会的威信がある。

　「教育支援員」「監護人」にふさわしい資格は「教育士 Erzieher」「児
童養護士 Kinderpfleger」である。これらの資格は第10学年修了後に進
学する職業専門学校で取得することが一般的である。第10学年修了後
に職業教育へ進んで取得できる職業資格は「中級」職と総称されること
がある。

　表2にそれぞれの資格をもって任期なし・常勤で働いた場合の標準的
な賃金の分布を示した。およそ入職時点から20年経験者までの幅を示
したものであるが、保持している資格によって就ける職は多様であり、
雇用形態や地域によってもかなり異なることを念頭に置いてみる必要が
ある。

表2　教育関係の職業資格の期待年収

職業資格	年収（ユーロ、税込）	円換算（1ユーロ＝130円）
学校教員	32,000 – 80,000	416万円〜1040万円
社会教育士	28,000 – 53,000	364万円〜689万円
教育士	25,000 – 44,000	325万円〜572万円
児童養護士	21,000 - 38,000	273万円〜494万円

5　支援スタッフの職務内容と課題

　ドイツの学校支援スタッフの中で近年最も充実が図られているのは
「学校ソーシャルワーカー」である。学校ソーシャルワーカーに期待さ
れている仕事としては「◎生徒への助言・相談」「◎グループ活動の組織」
「◎談話、交流、自由時間の提供」「学校の授業プロジェクトへの協力」「教
員と親の話し合いへの協力及び助言」「学校の全構成員との協力とネッ
トワークづくり」が挙げられる。「◎」を付した活動は普遍的に行われ
ている。それ以外の活動はどちらかというとあまり行われていない。

こうしたドイツの学校ソーシャルワーカーの職務内容については３つの論点がある。ひとつは「授業・教員に関する仕事は学校ソーシャルワーカーによってあまり行われていない」ということである。もし授業への参画が学校ソーシャルワーカーに求められたとしたら、それは「教員」職に対する「学校ソーシャルワーカー」職の「従属」にあたるとして否定的に捉えられるというのである。

　２つ目の論点は職業準備教育と学校ソーシャルワーカーの関わりについてである。学校ソーシャルワークに関する最も重要な法的基礎はドイツ社会法典第８編「児童青少年の支援」の第13条である。その第１項は「社会的な不利益の補償あるいは個人的な障害の克服のために相当程度の支援が割り当てられる青少年は、青少年保護の枠組みにおいて学校教育、職業教育、労働世界への参入および社会的統合を助成するソーシャルワーク的な支援が与えられる」と規定している。この規定では、学校ソーシャルワーカーの職務は明確に「職業」「労働」と結び付けられている。しかし、今日のドイツの実情においては学校ソーシャルワーカーは児童生徒と「職業」「労働」との結びつきを自覚的に担っているとはいえない。

　３つ目の論点も社会法典第８編第13条に関わるが、学校ソーシャルワーカーの職務の対象が「不利益」「障害」をもった児童生徒に限定されるのか、それとも学校の全児童生徒がソーシャルワーク的活動の対象となるのか、という問題がある。一般には、社会法典第８編第13条にもかかわらず、学校ソーシャルワーカーはすべての生徒を対象に仕事をしていると認識している。

　つまり、「ひとりの生徒の様々な問題を授業や学習の面とソーシャルワーク的な面に分割してそれぞれ対処を図ることが妥当か」「本来予定されていたはずの『職業とのつながり』を今日、だれがどのように担当

95

するか」「学校ソーシャルワーカーの仕事は対象限定的か、対象開放的か」
ということである。これらの論点は日本の学校ソーシャルワーカーの配
置と職務について考える際も重要であろう。

6　小括

　最後にドイツの支援スタッフの実情について、改めて簡単にまとめて
おきたい。まず、ドイツの学校教員は「週あたり持ちコマ制」という特
異な勤務条件の中で働いている。実質的な労働時間は、日本ほどでは
ないが、長い。しかしこのシステムの改編を求める声は大きくはない。
2000年代に様々な社会変動に対応して学校の役割も拡張し、半日学校
の終日学校化と連動して支援スタッフの配置が進められた。主な支援ス
タッフは、実際に教室に入る教育支援員と、授業以外の時間を担当する
学校ソーシャルワーカーである。統計的に十分なデータがないが、学校
ソーシャルワーカーは非常勤・任期付きが多いとはいえ、配置が積極的
に進められている。待遇は教員と比較するとやや落ちる。主な職務は「生
徒への助言・相談」「グループ活動の組織」「談話、交流、自由時間の提供」
である。教員や授業との関わり、職業指導との関わり、対象とするべき
児童生徒の絞り込みについては実践的な課題がある。

　今後、日本で学校ソーシャルワーカーの配置が進むのであれば、本稿
が特に論点として挙げてきたような諸点は十分に検討される必要がある
だろう。

（前原健二）

参考・引用文献
国立教育政策研究所（2015）『諸外国の教員数の算定方式に関する調査報告書』国立
　教育政策研究所.

前原健二 (2014)「ドイツの学校経営事情と学校事務」『日本教育事務学会年報』第 1 号.

Hardwig, Th. und Mußmann, F.(2018), Zeiterfassungsstudien zur Arbeitszeit von Lehrkräften in Deutschland.

Zankl, P.(2017), Die Strukturen der Schulsozialarbeit in Deutschland. Deutsches Jugendinstitut e.V.

おわりに

　私たちは教育分野の研究者を中心として、教員経験者と専門支援スタッフから構成された研究チームである。

　2016年4月より研究会を立ち上げ、数ページの質問紙という限られた紙幅のなかで、教員と支援スタッフの協働についての実態をあぶりだすための議論を何度も重ね、2017年1月に大規模な質問紙調査に至った。同時に、複数の自治体において、現在支援スタッフとして勤務する方々に対し、質的なヒアリング調査を実施した。

　さらには、2017年にはドイツ、イギリス、2018年にはアメリカで、国際比較調査も行った。単に現地の状況を調べるだけでなく、訪問先の教育政府機関、教育委員会、学校（小学校〜大学）、教職員組合などで、日本の状況についても関心を持ってもらい、教員と支援スタッフとの連携や勤務環境をめぐって、グローバルな視点からの有意義なディスカッションからも多くの刺激を受けた。

　本プロジェクトに着手してから、日本では、教員の多忙化問題が多くのメディアで取り上げられることにより、社会的な関心の高まりという大きな変化もみられるようになった。とはいえ、この問題の根本的な解決のみならず、支援スタッフと教員の協働、雇用・勤務環境の改善充実までを含めた総合的な考察は少ないと感じている。ぜひとも本書がそうした理解を深める一助になればと願う。

　なお、本書の第2章は青木、第3章は坪谷が責任編集にあたった。第2章については、質問紙調査の対象とした5職種すべての支援スタッフについて取り上げることができなかったことが悔やまれる。

　なお、本研究チームの最新の調査報告や活動内容については、研究会

ホームページ（http://wksp.co.jp/teachers&staffs-2016/index.html）も
あわせてご覧いただければ幸いである。

　本書刊行にあたっては多くの機関や人々からの支援を受けている。
本書の内容は、日本学術振興会科学研究費助成事業基盤研究（B）
（16H03773）「多忙化縮減をめざす学校と支援スタッフの連携協力の在り
方に関する調査研究」（研究代表者：樋口 修資）にもとづくものである。
　第3章で考察を行った質問紙調査実施にあたっては、各教職員組合か
らの全面的な協力を得られたことが大きい。また授業や活動後などに質
問紙調査に回答してくださった教員と支援スタッフ一人ひとりの協力な
しには、本成果はなし得なかった。すべてを紹介することはできないが、
質問紙の最後の自由記述欄には子どもや教育に対する多くの方々の熱意
がにじんでいた。
　また、快くヒアリングに応じてくださり、原稿のチェックなども担当
してくださった支援スタッフの方々の協力にも多くを負っている。
　刊行までの厳しいスケジュールのなかで細かい作業を進め、本書に対
する多くの助言もくださった編集者の黒田貴史氏には心から感謝を申し
上げたい。

2018 年 3 月

著者一同

付録1　教務主任用質問紙

■貴校の基本的なことについてうかがいます。

Q0　貴校の学校種を教えてください。あてはまる番号に〇をつけてください。

　　　☐ 1．小学校　　　　☐ 2．中学校

Q1　貴校の教員数・事務職員数・児童生徒数など（平成28年5月1日現在）を教えてください。
　　該当する人がいない場合、該当する学級がない場合は0と記入してください。

　　　A．正規採用の常勤教員数・・・・・・・・・・・・ ☐☐ 人

　　　B．臨時採用の常勤教員数・・・・・・・・・・・ ☐☐ 人

　　　C．非常勤教員数・・・・・・・・・・・・・・・・・・ ☐☐ 人

　　　D．常勤の事務職員数・・・・・・・・・・・・・・ ☐☐ 人

　　　E．児童生徒数・・・・・・・・・・・・ ☐☐☐ 人

　　　F．通常学級の学級数・・・・・・・・・・・・・ ☐☐ 学級

　　　G．特別支援学級の学級数・・・・・・・・・・ ☐☐ 学級

Q2　貴校に以下のことはあてはまりますか。**あてはまる番号すべてに〇をつけてください。**

　　　☐ 1．校務支援システム（※）が導入されている

　　　☐ 2．学校支援地域本部が設置されている

　　　☐ 3．コミュニティ・スクールに指定されている

　　　☐ 4．研究指定を受けている

　　　☐ 5．小中一貫教育を行っている

　　　☐ 6．どれもあてはまらない

　　※ 校務支援システムとは、校務分掌に関する業務、教職員間の情報共有、家庭や地域への情報発信
　　　などを目的とし、学校内の教職員が一律に利用するシステムです。

■貴校での支援スタッフの勤務状況についてうかがいます。

Q3　貴校には以下の支援スタッフ（類似の役割を担っている支援スタッフを含む）はそれぞれ
　　何人くらい勤務していますか。該当する人がいない場合は0と記入してください。

　　　　A．スクールカウンセラー・・・・・・・・・・・・・・・　☐☐　人くらい

　　　　B．スクールソーシャルワーカー・・・・・・・・・　☐☐　人くらい

　　　　C．ICT支援員（※）・・・・・・・・・・・・・・・・　☐☐　人くらい

　　　　D．学校司書・・・・・・・・・・・・・・・・・・・・・・・・・　☐☐　人くらい

　　　　E．外国語指導助手・・・・・・・・・・・・・・・・・・・　☐☐　人くらい

　　　　F．理科実験などの支援員・・・・・・・・・・・・・・　☐☐　人くらい

　　　　G．外国人児童生徒への日本語指導員・・・・・　☐☐　人くらい

　　　　H．学習支援員（E～Gを除く）・・・・・・・・・　☐☐　人くらい

　　　　I．部活動指導員・・・・・・・・・・・・・・・・・・・・・　☐☐　人くらい

　　※　ICT支援員とは、ホームページ管理、デジタル教材・機器の管理などを行うスタッフです。

Q4　貴校では以下の支援スタッフ（類似の役割を担っている支援スタッフを含む）は月に何日
　　くらい、勤務していますか。該当する人がいない場合は0と記入してください。

　　　　A．スクールカウンセラー・・・・・・・・・・・・・月に　☐☐　日くらい

　　　　B．スクールソーシャルワーカー・・・・・・・・月に　☐☐　日くらい

　　　　C．ICT支援員・・・・・・・・・・・・・・・・・・・月に　☐☐　日くらい

　　　　D．学校司書・・・・・・・・・・・・・・・・・・・・・・月に　☐☐　日くらい

　　　　E．外国語指導助手・・・・・・・・・・・・・・・・・月に　☐☐　日くらい

　　　　F．理科実験などの支援員・・・・・・・・・・・・・月に　☐☐　日くらい

　　　　G．外国人児童生徒への日本語指導員・・・・・月に　☐☐　日くらい

　　　　H．学習支援員（E～Gを除く）・・・・・・・・・月に　☐☐　日くらい

　　　　I．部活動指導員・・・・・・・・・・・・・・・・・・・月に　☐☐　日くらい

Q5　貴校での支援スタッフの勤務環境について、<u>あてはまる番号すべてに○をつけてください。</u>

☐　1．支援スタッフのコーディネートを担う教員がいる

☐　2．支援スタッフどうしで活動について情報交換する機会がある

☐　3．校内での連絡・担当者会議に支援スタッフが参加している

☐　4．校内に支援スタッフの業務のためのスペースがある

☐　5．職員室に支援スタッフの机がある

☐　6．どれもあてはまらない

Q6　貴校での支援スタッフと教員・保護者・児童生徒の関係について、あてはまる番号に○をつけてください。

	とても そう思う	まあ そう思う	あまり そう思わない	まったく そう思わない
A．支援スタッフの職務の内容・範囲が 　　明確である・・・・・・・・・・・・・・・・・・・・・・・・・・・・・	1	2	3	4
B．支援スタッフの職務への指揮命令系統が 　　明確である・・・・・・・・・・・・・・・・・・・・・・・・・・・・・	1	2	3	4
C．支援スタッフとの連携の重要性を 　　管理職が理解している・・・・・・・・・・・・・・・・・	1	2	3	4
D．支援スタッフとの連携の重要性を 　　多くの教員が理解している・・・・・・・・・・・	1	2	3	4
E．教員と支援スタッフの 　　コミュニケーションがとれている・・・・・・	1	2	3	4
F．支援スタッフとの連携の重要性を 　　多くの保護者が理解している・・・・・・・・・・	1	2	3	4
G．支援スタッフの存在を 　　多くの児童生徒が知っている・・・・・・・・・・	1	2	3	4

■貴校に通う児童生徒の状況についてうかがいます。

Q7 貴校には以下のような児童生徒はどれくらいいますか。正確な人数が分からない場合は、
およその人数で構いません。**該当する児童生徒がいない場合は0と記入してください。**

    A．特別支援学級に在籍する児童生徒‥‥‥‥‥‥‥‥‥‥‥‥‥ □□ 人くらい

    B．日本語指導が必要な児童生徒‥‥‥‥‥‥‥‥‥‥‥‥‥‥ □□ 人くらい

    C．就学援助・生活保護を受けている世帯の児童生徒‥‥‥‥‥ □□ 人くらい

    D．年間30日以上欠席している児童生徒‥‥‥‥‥‥‥‥‥‥ □□ 人くらい

    E．通常学級に在籍する特別な支援を必要とする児童生徒‥‥‥ □□ 人くらい

    F．Eの中で通級または取り出し指導を行っている児童生徒‥‥ □□ 人くらい

Q8 貴校の最高学年（小学6年生または中学3年生）では、学習塾に通っている児童生徒は
どれくらいいますか。およそで構いませんので、あてはまる番号に〇をつけてください。

□ 1．ほとんどいない   □ 2．1～3割くらい   □ 3．3～5割くらい

□ 4．5～7割くらい   □ 5．7～9割くらい   □ 6．9割以上

Q9 貴校には、以下のような児童生徒をめぐる問題がどれくらいありますか。
あてはまる番号に〇をつけてください。

	よくある	ときどきある	あまりない	ほとんどない
A．いじめ‥‥‥‥‥‥‥‥‥‥‥	1 -------	2 -------	3 --------	4
B．暴力行為‥‥‥‥‥‥‥‥‥‥	1 -------	2 -------	3 --------	4
C．学級崩壊‥‥‥‥‥‥‥‥‥‥	1 -------	2 -------	3 --------	4
D．少年非行‥‥‥‥‥‥‥‥‥‥	1 -------	2 -------	3 --------	4

■あなたご自身のことについてうかがいます。

問1　あなたの性別と年齢を教えてください。

A．性別　　　□　1．男性　　□　2．女性

B．年齢　　□□　歳

問2　あなたにはお子さまがいますか。お子さまがいる場合、一番年下の方の年齢は何歳ですか。
　　　あてはまる番号に〇をつけてください。

　　　□　1．0〜3歳　　　　　□　2．4〜6歳　　　　　□　3．7〜12歳

　　　□　4．13〜18歳　　　　□　5．19歳以上　　　　□　6．子供はいない

問3　あなたは、現在ご家族の介護をしていますか。あてはまる番号に〇をつけてください。

　　　□　1．自宅で介護をしている　　□　2．自宅外で介護をしている　　□　3．介護をしていない

■普段の勤務の実態などについてうかがいます。

問4　あなたの1週間あたりの担当授業時数（教科・道徳・学級活動・総合・外国語活動）は
　　　何時間ですか。小学校では45分、中学校では50分を1時間としてお答えください。
　　　<u>授業を担当していない場合は0と記入してください。</u>

　　　1週間あたり　　□□　時間

問5　あなたが主任・部長などを担当している校務分掌は何ですか。
　　　<u>あてはまる番号すべてに〇をつけてください。</u>

　　　□　1．教務関係　　　　　□　2．生活・生徒指導関係　　　□　3．管理・庶務関係

　　　□　4．特別活動関係　　　□　5．進路指導関係　　　　　　□　6．渉外・地域連携関係

　　　□　7．保健・安全関係　　□　8．人権教育関係　　　　　　□　9．研究・研修関係

　　　□　10．特別支援教育関係

　　　□　11．その他　　| 具体的に |

　　　□　12．主任・部長などは担当していない

問6　あなたは部活動の顧問をしていますか。あてはまる番号に〇をつけてください。
　　　兼務をしている場合は主なものについて回答してください。

　　　□　1．運動部の顧問をしている

　　　□　2．文化部の顧問をしている

　　　□　3．顧問をしていない

問7　あなたの通常の1週間において、**勤務日の始業時刻前の仕事時間**（学校外で行っている時間
　　　を含む）はどれくらいですか。あてはまる番号に〇をつけてください。

　　　□　1．30分未満　　　　　　　　□　2．30分〜1時間くらい

　　　□　3．1時間〜1時間30分くらい　□　4．1時間30分〜2時間くらい

　　　□　5．2時間以上

問8　あなたの通常の1週間において、**勤務日の終業時刻後の仕事時間**（学校外で行っている時間
　　　を含む）はどれくらいですか。あてはまる番号に〇をつけてください。

　　　□　1．1時間未満　　　　□　2．1〜2時間くらい　　　□　3．2〜3時間くらい

　　　□　4．3〜4時間くらい　　□　5．4〜5時間くらい　　　□　6．5時間以上

問9　あなたの通常の1週間において、**休日の仕事時間**（学校外で行っている時間を含む）はどれ
　　　くらいですか。あてはまる番号に〇をつけてください。

　　　□　1．1時間未満　　　　□　2．1〜2時間くらい　　　□　3．2〜3時間くらい

　　　□　4．3〜4時間くらい　　□　5．4〜5時間くらい　　　□　6．5時間以上

問10　あなたは、通常の勤務日1日の勤務時間帯の中で、どれくらいの休憩時間（※）を取って
　　　いますか。あてはまる番号に〇をつけてください。

　　　□　1．ほとんど取っていない　　　□　2．15分間くらい

　　　□　3．30分間くらい　　　　　　　□　4．45分間以上

　　　※　労働基準法では、通常の勤務日1日の中で45分間以上の休憩時間が定められています。

問11　あなたは、1か月あたり何日くらい休日出勤をしていますか。
　　　休日出勤をしていない場合は0と記入してください。

　　　1か月あたり　　□□　日くらい

105

問12　あなたは以下の業務に負担を感じることがどれくらいありますか。
　　　あてはまる番号に〇をつけてください。

	よく ある	ときどき ある	あまり ない	ほとんど ない	その業務は 担当して いない
A．教材研究・授業準備・・・・・・・・・・・・・	1	2	3	4	8
B．宿題などの提出物や成績の処理・・・	1	2	3	4	8
C．課外授業・補習指導・・・・・・・・・・・・	1	2	3	4	8
D．生活・生徒指導・・・・・・・・・・・・・・・	1	2	3	4	8
E．クラブ活動・部活動指導・・・・・・・・	1	2	3	4	8
F．学年・学級経営・・・・・・・・・・・・・・・	1	2	3	4	8
G．学校行事・・・・・・・・・・・・・・・・・・・・	1	2	3	4	8
H．調査への対応・報告書の作成・・・・・	1	2	3	4	8
I．保護者・PTA対応・・・・・・・・・・・・	1	2	3	4	8
J．渉外・地域対応・・・・・・・・・・・・・・・	1	2	3	4	8
K．学校徴収金の管理・・・・・・・・・・・・・	1	2	3	4	8
L．物品などの会計事務・・・・・・・・・・・	1	2	3	4	8
M．会議・打合せ・・・・・・・・・・・・・・・・	1	2	3	4	8
N．校内研修・研究会・・・・・・・・・・・・・	1	2	3	4	8
O．校外研修・研究会・・・・・・・・・・・・・	1	2	3	4	8

問13　あなたは以下の教員としての仕事や待遇に、どれくらい満足していますか。
　　　あてはまる番号に〇をつけてください。

	とても 満足している	まあ 満足している	あまり 満足していない	まったく 満足していない
A．仕事全体・・・・・・・・・・・・・・・・・・・・・・・・・・・	1	2	3	4
B．給与・・・・・・・・・・・・・・・・・・・・・・・・・・・・・・	1	2	3	4
C．雇用の安定性・・・・・・・・・・・・・・・・・・・・・	1	2	3	4
D．勤務時間・休日などの勤務条件・・・・・・・	1	2	3	4
E．管理職からの評価・・・・・・・・・・・・・・・・・	1	2	3	4

問14　あなたには、以下のことがどれくらいあてはまりますか。
　　　あてはまる番号に〇をつけてください。

	とても あてはまる	まあ あてはまる	あまり あてはまらない	まったく あてはまらない
A．教員の仕事にやりがいを感じる・・・・・・・・・・・	1	2	3	4
B．職場の人間関係が良好である・・・・・・・・・・・・・	1	2	3	4
C．学習指導の面で苦労することが多い・・・・・・・・	1	2	3	4
D．生活・生徒指導の面で苦労することが多い・・・	1	2	3	4
E．仕事の負担感から解放されない・・・・・・・・・・・・	1	2	3	4

問15　教員の勤務負担軽減を図る上で、**学校が優先して取り組むべきこと**は何だと思いますか。
　　　あてはまる番号すべてに〇をつけてください。

- ☐ 1．校内会議の精選・会議時間の短縮
- ☐ 2．支援スタッフの活用
- ☐ 3．休日出勤の振替日の完全取得
- ☐ 4．ノー残業デーの設定
- ☐ 5．ノー部活動デーの設定
- ☐ 6．学校行事の精選
- ☐ 7．事務・経理業務の分担の明確化
- ☐ 8．その他　**具体的に**
- ☐ 9．何も行う必要はない

問16　教員の勤務負担軽減を図る上で、**国・都道府県・市町村が優先して取り組むべきこと**は
　　　何だと思いますか。**あてはまる番号すべてに〇をつけてください。**

- ☐ 1．教員の増員
- ☐ 2．授業時数の削減
- ☐ 3．事務職員の増員
- ☐ 4．ICTなどによる校務支援システムの整備
- ☐ 5．支援スタッフの増員
- ☐ 6．調査や照会の精選
- ☐ 7．研修・研究会の精選
- ☐ 8．研究指定の精選
- ☐ 9．学級規模の縮小
- ☐ 10．部活動の活動日・時間の制限
- ☐ 11．教員が担う業務の明確化
- ☐ 12．長期休業中の学校閉庁期間の設定
- ☐ 13．その他　**具体的に**
- ☐ 14．何も行う必要はない

■支援スタッフとの連絡・調整などについてうかがいます。

問17　あなたは、以下の支援スタッフ（類似の役割を担っている支援スタッフを含む）と連絡・
　　　調整をどれくらいしていますか。あてはまる番号に〇をつけてください。

	十分に している	まあ している	あまり していない	まったく していない	勤務して いない
A．スクールカウンセラー・・・・・・・・・・・・・・	1 ------	2 ------	3 ------	4 ------	8
B．スクールソーシャルワーカー・・・・・・・・・	1 ------	2 ------	3 ------	4 ------	8
C．ICT支援員・・・・・・・・・・・・・・・・・・・・・・	1 ------	2 ------	3 ------	4 ------	8
D．学校司書・・・・・・・・・・・・・・・・・・・・・・・・	1 ------	2 ------	3 ------	4 ------	8
E．外国語指導助手・・・・・・・・・・・・・・・・・・・	1 ------	2 ------	3 ------	4 ------	8
F．理科実験などの支援員・・・・・・・・・・・・・・	1 ------	2 ------	3 ------	4 ------	8
G．外国人児童生徒への日本語指導員・・・・・	1 ------	2 ------	3 ------	4 ------	8
H．学習支援員（E～Gを除く）・・・・・・・・・	1 ------	2 ------	3 ------	4 ------	8
I．部活動指導員・・・・・・・・・・・・・・・・・・・・・	1 ------	2 ------	3 ------	4 ------	8

問18　以下の支援スタッフ（類似の役割を担っている支援スタッフを含む）は、あなたの勤務
　　　負担軽減に役立っていますか。あてはまる番号に〇をつけてください。

	とても 役立って いる	まあ 役立って いる	あまり 役立って いない	まったく 役立って いない	勤務して いない
A．スクールカウンセラー・・・・・・・・・・・・・・	1 ------	2 ------	3 ------	4 ------	8
B．スクールソーシャルワーカー・・・・・・・・・	1 ------	2 ------	3 ------	4 ------	8
C．ICT支援員・・・・・・・・・・・・・・・・・・・・・・	1 ------	2 ------	3 ------	4 ------	8
D．学校司書・・・・・・・・・・・・・・・・・・・・・・・・	1 ------	2 ------	3 ------	4 ------	8
E．外国語指導助手・・・・・・・・・・・・・・・・・・・	1 ------	2 ------	3 ------	4 ------	8
F．理科実験などの支援員・・・・・・・・・・・・・・	1 ------	2 ------	3 ------	4 ------	8
G．外国人児童生徒への日本語指導員・・・・・	1 ------	2 ------	3 ------	4 ------	8
H．学習支援員（E～Gを除く）・・・・・・・・・	1 ------	2 ------	3 ------	4 ------	8
I．部活動指導員・・・・・・・・・・・・・・・・・・・・・	1 ------	2 ------	3 ------	4 ------	8

■自由記述欄

教員の勤務環境や支援スタッフの活用の課題について、ご意見などをご自由にご記入ください。

これで調査は終わりです。ご協力ありがとうございました。

付録2 学年代表用質問紙

■あなたご自身のことについてうかがいます。

問0 あなたはどの学年の学年主任、または学年代表として回答していますか。
あてはまる番号に〇をつけてください。

☐ 1．小1 ☐ 2．小2 ☐ 3．小3 ☐ 4．小4 ☐ 5．小5 ☐ 6．小6

☐ 7．中1 ☐ 8．中2 ☐ 9．中3

問1 あなたの性別と年齢を教えてください。

A．性別 ☐ 1．男性 ☐ 2．女性

B．年齢 ☐☐ 歳

問2 あなたにはお子さまがいますか。お子さまがいる場合、一番年下の方の年齢は何歳ですか。
あてはまる番号に〇をつけてください。

☐ 1．0～3歳 ☐ 2．4～6歳 ☐ 3．7～12歳

☐ 4．13～18歳 ☐ 5．19歳以上 ☐ 6．子供はいない

問3 あなたは、現在ご家族の介護をしていますか。あてはまる番号に〇をつけてください。

☐ 1．自宅で介護をしている ☐ 2．自宅外で介護をしている ☐ 3．介護をしていない

■普段の勤務の実態などについてうかがいます。

問4 あなたの1週間あたりの担当授業時数（教科・道徳・学級活動・総合・外国語活動）は
何時間ですか。小学校では45分、中学校では50分を1時間としてお答えください。
授業を担当していない場合は0と記入してください。

1週間あたり ☐☐ 時間

110

■自由記述欄

　教員の勤務環境や支援スタッフの活用の課題について、ご意見などをご自由にご記入ください。

　　　　　　　　　　　　　　　　　　これで調査は終わりです。ご協力ありがとうございました。

付録2　学年代表用質問紙

■あなたご自身のことについてうかがいます。

問0　あなたはどの学年の学年主任、または学年代表として回答していますか。
　　　あてはまる番号に〇をつけてください。

　　　☐ 1．小1　　☐ 2．小2　　☐ 3．小3　　☐ 4．小4　　☐ 5．小5　　☐ 6．小6

　　　☐ 7．中1　　☐ 8．中2　　☐ 9．中3

問1　あなたの性別と年齢を教えてください。

　　　A．性別　　☐ 1．男性　　☐ 2．女性

　　　B．年齢　　☐☐　歳

問2　あなたにはお子さまがいますか。お子さまがいる場合、一番年下の方の年齢は何歳ですか。
　　　あてはまる番号に〇をつけてください。

　　　☐ 1．0～3歳　　　　☐ 2．4～6歳　　　　☐ 3．7～12歳

　　　☐ 4．13～18歳　　　☐ 5．19歳以上　　　☐ 6．子供はいない

問3　あなたは、現在ご家族の介護をしていますか。あてはまる番号に〇をつけてください。

　　　☐ 1．自宅で介護をしている　　☐ 2．自宅外で介護をしている　　☐ 3．介護をしていない

■普段の勤務の実態などについてうかがいます。

問4　あなたの1週間あたりの担当授業時数（教科・道徳・学級活動・総合・外国語活動）は
　　　何時間ですか。小学校では45分、中学校では50分を1時間としてお答えください。
　　　授業を担当していない場合は0と記入してください。

　　　1週間あたり　　☐☐　時間

110

問5　あなたが学年代表のほかに主任・部長などを担当している校務分掌は何ですか。
　　　あてはまる番号すべてに〇をつけてください。

☐　1．教務関係　　　　　　☐　2．生活・生徒指導関係　　　☐　3．管理・庶務関係

☐　4．特別活動関係　　　　☐　5．進路指導関係　　　　　　☐　6．渉外・地域連携関係

☐　7．保健・安全関係　　　☐　8．人権教育関係　　　　　　☐　9．研究・研修関係

☐　10．特別支援教育関係

☐　11．その他　| 具体的に | |

☐　12．主任・部長などは担当していない

問6　あなたは部活動の顧問をしていますか。あてはまる番号に〇をつけてください。
　　　兼務をしている場合は主なものについて回答してください。

☐　1．運動部の顧問をしている　　☐　2．文化部の顧問をしている　　☐　3．顧問をしていない

問7　あなたの通常の1週間において、**勤務日の始業時刻前の仕事時間**（学校外で行っている時間
　　　を含む）はどれくらいですか。あてはまる番号に〇をつけてください。

☐　1．30分未満　　　　　　　　　　☐　2．30分〜1時間くらい

☐　3．1時間〜1時間30分くらい　　☐　4．1時間30分〜2時間くらい

☐　5．2時間以上

問8　あなたの通常の1週間において、**勤務日の終業時刻後の仕事時間**（学校外で行っている時間
　　　を含む）はどれくらいですか。あてはまる番号に〇をつけてください。

☐　1．1時間未満　　　　☐　2．1〜2時間くらい　　　☐　3．2〜3時間くらい

☐　4．3〜4時間くらい　☐　5．4〜5時間くらい　　　☐　6．5時間以上

問9　あなたの通常の1週間において、**休日の仕事時間**（学校外で行っている時間を含む）はどれ
　　　くらいですか。あてはまる番号に〇をつけてください。

☐　1．1時間未満　　　　☐　2．1〜2時間くらい　　　☐　3．2〜3時間くらい

☐　4．3〜4時間くらい　☐　5．4〜5時間くらい　　　☐　6．5時間以上

問10　あなたは、通常の勤務日1日の勤務時間帯の中で、どれくらいの休憩時間（※）を取って
　　　いますか。あてはまる番号に〇をつけてください。

☐　1．ほとんど取っていない　　　☐　2．15分間くらい

☐　3．30分間くらい　　　　　　　☐　4．45分間以上

※　労働基準法では、通常の勤務日1日の中で45分間以上の休憩時間が定められています。

問11　あなたは、1か月あたり何日くらい休日出勤をしていますか。
　　　休日出勤をしていない場合は0と記入してください。

　　1か月あたり　　[　　]　日くらい

問12　あなたは以下の業務に負担を感じることがどれくらいありますか。
　　　あてはまる番号に〇をつけてください。

	よく ある	ときどき ある	あまり ない	ほとんど ない	その業務は 担当して いない
A．教材研究・授業準備	1	2	3	4	8
B．宿題などの提出物や成績の処理	1	2	3	4	8
C．課外授業・補習指導	1	2	3	4	8
D．生活・生徒指導	1	2	3	4	8
E．クラブ活動・部活動指導	1	2	3	4	8
F．学年・学級経営	1	2	3	4	8
G．学校行事	1	2	3	4	8
H．調査への対応・報告書の作成	1	2	3	4	8
I．保護者・PTA対応	1	2	3	4	8
J．渉外・地域対応	1	2	3	4	8
K．学校徴収金の管理	1	2	3	4	8
L．物品などの会計事務	1	2	3	4	8
M．会議・打合せ	1	2	3	4	8
N．校内研修・研究会	1	2	3	4	8
O．校外研修・研究会	1	2	3	4	8

問13　あなたは以下の教員としての仕事や待遇に、どれくらい満足していますか。
　　　あてはまる番号に〇をつけてください。

	とても 満足している	まあ 満足している	あまり 満足していない	まったく 満足していない
A．仕事全体	1	2	3	4
B．給与	1	2	3	4
C．雇用の安定性	1	2	3	4
D．勤務時間・休日などの勤務条件	1	2	3	4
E．管理職からの評価	1	2	3	4

問14　あなたには、以下のことがどれくらいあてはまりますか。
　　　あてはまる番号に〇をつけてください。

	とても あてはまる	まあ あてはまる	あまり あてはまらない	まったく あてはまらない
Ａ．教員の仕事にやりがいを感じる・・・・・・・・・・・・	1	2	3	4
Ｂ．職場の人間関係が良好である・・・・・・・・・・・・・・	1	2	3	4
Ｃ．学習指導の面で苦労することが多い・・・・・・・・	1	2	3	4
Ｄ．生活・生徒指導の面で苦労することが多い・・・	1	2	3	4
Ｅ．仕事の負担感から解放されない・・・・・・・・・・・・	1	2	3	4

問15　教員の勤務負担軽減を図る上で、**学校が優先して取り組むべきこと**は何だと思いますか。
　　　あてはまる番号すべてに〇をつけてください。

☐ 1．校内会議の精選・会議時間の短縮　　　☐ 2．支援スタッフの活用

☐ 3．休日出勤の振替日の完全取得　　　　　☐ 4．ノー残業デーの設定

☐ 5．ノー部活動デーの設定　　　　　　　　☐ 6．学校行事の精選

☐ 7．事務・経理業務の分担の明確化

☐ 8．その他　| **具体的に** | |

☐ 9．何も行う必要はない

問16　教員の勤務負担軽減を図る上で、**国・都道府県・市町村が優先して取り組むべきこと**は
　　　何だと思いますか。**あてはまる番号すべてに〇をつけてください。**

☐ 1．教員の増員　　　　　　　　　　　　　☐ 2．授業時数の削減

☐ 3．事務職員の増員　　　　　　　　　　　☐ 4．ＩＣＴなどによる校務支援システムの整備

☐ 5．支援スタッフの増員　　　　　　　　　☐ 6．調査や照会の精選

☐ 7．研修・研究会の精選　　　　　　　　　☐ 8．研究指定の精選

☐ 9．学級規模の縮小　　　　　　　　　　　☐ 10．部活動の活動日・時間の制限

☐ 11．教員が担う業務の明確化　　　　　　　☐ 12．長期休業中の学校閉庁期間の設定

☐ 13．その他　| **具体的に** | |

☐ 14．何も行う必要はない

■支援スタッフとの連絡・調整などについてうかがいます。

問17　あなたは、以下の支援スタッフ（類似の役割を担っている支援スタッフを含む）と連絡・調整をどれくらいしていますか。あてはまる番号に〇をつけてください。

	十分にしている	まあしている	あまりしていない	まったくしていない	勤務していない
A．スクールカウンセラー	1	2	3	4	8
B．スクールソーシャルワーカー	1	2	3	4	8
C．ICT支援員（※）	1	2	3	4	8
D．学校司書	1	2	3	4	8
E．外国語指導助手	1	2	3	4	8
F．理科実験などの支援員	1	2	3	4	8
G．外国人児童生徒への日本語指導員	1	2	3	4	8
H．学習支援員（E〜Gを除く）	1	2	3	4	8
I．部活動指導員	1	2	3	4	8

※　ICT支援員とは、ホームページ管理、デジタル教材・機器の管理などを行うスタッフです。

問18　以下の支援スタッフ（類似の役割を担っている支援スタッフを含む）は、あなたの勤務負担軽減に役立っていますか。あてはまる番号に〇をつけてください。

	とても役立っている	まあ役立っている	あまり役立っていない	まったく役立っていない	勤務していない
A．スクールカウンセラー	1	2	3	4	8
B．スクールソーシャルワーカー	1	2	3	4	8
C．ICT支援員	1	2	3	4	8
D．学校司書	1	2	3	4	8
E．外国語指導助手	1	2	3	4	8
F．理科実験などの支援員	1	2	3	4	8
G．外国人児童生徒への日本語指導員	1	2	3	4	8
H．学習支援員（E〜Gを除く）	1	2	3	4	8
I．部活動指導員	1	2	3	4	8

■担当学年の状況についてうかがいます。

問19 あなたは学級担任をしていますか。**あてはまる番号に○をつけた後に**、学級担任をしている
　　場合は、その学級の児童生徒数を記入してください。

　　　　　1．している　　→　　｜　｜　｜　人

　　　　　2．していない

問20 あなたが学年主任または学年代表をしている学年の児童生徒数は何人ですか。
　　また、その学年の通常学級の学級数はいくつですか。

　　　A．学年の児童生徒数 ················　｜　｜　｜　人

　　　B．学年の通常学級の学級数 ··········　｜　｜　｜　学級

問21 あなたが学年主任または学年代表をしている学年には、以下のような児童生徒はどれくらい
　　います。正確な人数が分からない場合は、およその人数で構いません。
　　該当する児童生徒がいない場合は0と記入してください。

　　　A．特別支援学級に在籍する児童生徒 ·····················　｜　｜　｜　人くらい

　　　B．日本語指導が必要な児童生徒 ······················　｜　｜　｜　人くらい

　　　C．就学援助・生活保護を受けている世帯の児童生徒 ········　｜　｜　｜　人くらい

　　　D．年間30日以上欠席している児童生徒 ·················　｜　｜　｜　人くらい

　　　E．通常学級に在籍する特別な支援を必要とする児童生徒 ·····　｜　｜　｜　人くらい

　　　F．Eの中で通級または取り出し指導を行っている児童生徒 ···　｜　｜　｜　人くらい

■自由記述欄

教員の勤務環境や支援スタッフの活用の課題について、ご意見などをご自由にご記入ください。

これで調査は終わりです。ご協力ありがとうございました。

付録3　支援スタッフ用質問紙

■あなたご自身のことについてうかがいます。

問0　あなたは、次のどの支援スタッフ（類似の役割を担っている支援スタッフを含む）に該当しますか。あてはまる番号に〇をつけてください。

- [ ] 1．スクールカウンセラー
- [ ] 2．学校司書
- [ ] 3．学習支援員
- [ ] 4．外国人児童生徒への日本語指導員
- [ ] 5．部活動指導員

問1　あなたの性別と年齢を教えてください。

A．性別　[ ] 1．男性　[ ] 2．女性

B．年齢　[ ][ ] 歳

問2　あなたにはお子さまがいますか。お子さまがいる場合、一番年下の方の年齢は何歳ですか。あてはまる番号に〇をつけてください。

- [ ] 1．0〜3歳
- [ ] 2．4〜6歳
- [ ] 3．7〜12歳
- [ ] 4．13〜18歳
- [ ] 5．19歳以上
- [ ] 6．子供はいない

問3　あなたは、現在ご家族の介護をしていますか。あてはまる番号に〇をつけてください。

- [ ] 1．自宅で介護をしている
- [ ] 2．自宅外で介護をしている
- [ ] 3．介護をしていない

問4　あなたは支援スタッフの業務に関連する免許・資格などをお持ちですか。**あてはまる番号すべてに〇をつけてください。**

- [ ] 1．一種教員免許状
- [ ] 2．二種教員免許状
- [ ] 3．専修教員免許状
- [ ] 4．臨床心理士資格
- [ ] 5．認定心理士資格
- [ ] 6．司書・司書補資格
- [ ] 7．司書教諭資格
- [ ] 8．保育士資格
- [ ] 9．2級以上の英検・数検・漢検など
- [ ] 10．日本体育協会認定資格
- [ ] 11．日本トレーニング協会認定資格
- [ ] 12．その他　**具体的に** [   ]
- [ ] 13．関連する免許・資格は持っていない

■普段の勤務の実態などについてうかがいます。

問5　あなたは支援スタッフとしての現在の仕事を始めて、およそ何年目ですか。
　　　あてはまる番号に〇をつけてください。

　　　□ 1．1年目　　　　　□ 2．2〜3年目　　　　□ 3．4〜5年目
　　　□ 4．6〜7年目　　　　□ 5．8〜9年目　　　　□ 6．10年目以上

問6　あなたは現在、いくつの学校に支援スタッフとして勤務していますか。
　　　あてはまる番号に〇をつけてください。

　　　□ 1．1校　　　　　　□ 2．2〜3校　　　　　□ 3．4〜5校
　　　□ 4．6〜7校　　　　　□ 5．8校以上

問7　あなたはすべての勤務校をあわせて、週あたり何日くらい、支援スタッフとして働いていますか。
　　　あてはまる番号に〇をつけてください。

　　　□ 1．週1日くらい　　□ 2．週2日くらい　　□ 3．週3日くらい　　□ 4．週4日くらい
　　　□ 5．週5日くらい　　□ 6．週6日くらい　　□ 7．不定期

問8　あなたの支援スタッフとしての年収（税込）はどれくらいですか。
　　　あてはまる番号に〇をつけてください。勤務校が複数ある場合は、合計をお答えください。

　　　□ 1．25万円未満　　　　□ 2．25〜50万円　　　　□ 3．50〜75万円
　　　□ 4．75〜100万円　　　□ 5．100〜125万円　　　□ 6．125〜150万円
　　　□ 7．150〜200万円　　　□ 8．200〜250万円　　　□ 9．250〜300万円
　　　□ 10．300万円以上

問9　あなたは支援スタッフとして社会保険に加入していますか。
　　　あてはまる番号に〇をつけてください。

　　　□ 1．加入している　　　□ 2．加入していない　　　□ 3．わからない

問10　調査票を受け取った学校で、あなたの1日あたりの勤務時間は何時間くらいですか。
　　　あてはまる番号に〇をつけてください。

　　　□ 1．2時間未満　　　　□ 2．2〜3時間　　　　□ 3．3〜4時間
　　　□ 4．4〜5時間　　　　□ 5．6〜7時間　　　　□ 6．7〜8時間
　　　□ 7．8時間以上

問11　この調査票を受け取った学校で、あなたは時間外勤務をどれくらいしていますか。
　　　あてはまる番号に〇をつけてください。

　　　□ 1．よくしている　　　　　□ 2．ときどきしている

　　　□ 3．あまりしていない　　　□ 4．ほとんどしていない

問12　この調査票を受け取った学校では、あなたの時間外勤務に対して手当が支給されますか。
　　　あてはまる番号に〇をつけてください。

　　　□ 1．支給される　　　□ 2．支給されない　　　□ 3．わからない

問13　この調査票を受け取った学校では、あなたの出勤のための交通費が支給されていますか。
　　　あてはまる番号に〇をつけてください。

　　　□ 1．支給されている　　　□ 2．支給されていない　　　□ 3．交通費はかかっていない

問14　この調査票を受け取った学校では、あなたに年次有給休暇（※）が与えられていますか。
　　　あてはまる番号に〇をつけてください。

　　　□ 1．与えられている　　　□ 2．与えられていない　　　□ 3．わからない

　　※ 労働基準法では、一定期間勤続した勤労者（非正規雇用者を含む）には年次有給休暇が与えられ
　　　と定められています。

■学校の教員との連携体制についてうかがいます。

問15　あなたは、この調査票を受け取った学校の教員と、連絡・協力ができていますか。
　　　あてはまる番号に〇をつけてください。

　　　□ 1．十分にできている　　　　□ 2．まあできている

　　　□ 3．あまりできていない　　　□ 4．まったくできていない

問16　この調査票を受け取った学校での、支援スタッフとしてのあなたの勤務環境について、
　　　あてはまる番号すべてに〇をつけてください。

　　　□ 1．支援スタッフのコーディネートを担う教員がいる

　　　□ 2．支援スタッフどうしで活動について情報交換する機会がある

　　　□ 3．校内での連絡・担当者会議に支援スタッフが参加している

　　　□ 4．校内に支援スタッフの業務のためのスペースがある

　　　□ 5．職員室に支援スタッフの机がある

　　　□ 6．どれもあてはまらない

問17 この調査票を受け取った学校での、支援スタッフとしてのあなたと教員・保護者・児童生徒の関係について、あてはまる番号に○をつけてください。

	とても そう思う	まあ そう思う	あまり そう思わない	まったく そう思わない
A．支援スタッフの職務の内容・範囲が 　　明確である	1	2	3	4
B．支援スタッフの職務への指揮命令系統が 　　明確である	1	2	3	4
C．支援スタッフとの連携の重要性を 　　管理職が理解している	1	2	3	4
D．支援スタッフとの連携の重要性を 　　多くの教員が理解している	1	2	3	4
E．教員と支援スタッフの 　　コミュニケーションがとれている	1	2	3	4
F．支援スタッフとの連携の重要性を 　　多くの保護者が理解している	1	2	3	4
G．支援スタッフの存在を 　　多くの児童生徒が知っている	1	2	3	4

問18 あなたには、以下の研修が**支援スタッフとしての勤務時間内**に認められていますか。**あてはまる番号すべてに○をつけてください。**

- ☐ 1．都道府県・市町村による研修
- ☐ 2．勤務する学校内での研修
- ☐ 3．学校外で行われる支援スタッフどうしの研修
- ☐ 4．勤務時間内として認められている研修はない

問19 あなたは、この調査票を受け取った学校で、教員の勤務負担軽減に役立っていると思いますか。あてはまる番号に○をつけてください。

- ☐ 1．とても役立っている　　　☐ 2．まあ役立っている
- ☐ 3．あまり役立っていない　　☐ 4．まったく役立っていない

■仕事の満足度についてうかがいます。

問20　あなたは以下の支援スタッフとしての仕事や待遇に、どれくらい満足していますか。
　　　あてはまる番号に〇をつけてください。

	とても 満足している	まあ 満足している	あまり 満足していない	まったく 満足していない
Ａ．仕事全体‥‥‥‥‥‥‥‥‥‥‥‥‥	1	2	3	4
Ｂ．給与‥‥‥‥‥‥‥‥‥‥‥‥‥‥‥	1	2	3	4
Ｃ．雇用の安定性‥‥‥‥‥‥‥‥‥‥	1	2	3	4
Ｄ．勤務時間・休日などの勤務条件‥‥	1	2	3	4
Ｅ．職務についての指揮命令系統の明確さ	1	2	3	4
Ｆ．業務遂行のための十分な活動時間‥‥	1	2	3	4

問21　あなたには、次のことがどれくらいあてはまりますか。
　　　あてはまる番号に〇をつけてください。

	とても あてはまる	まあ あてはまる	あまり あてはまらない	まったく あてはまらない
Ａ．管理職は、あなたの仕事ぶりを 　　肯定的に評価している‥‥‥‥‥‥	1	2	3	4
Ｂ．管理職以外の教員は、あなたの 　　仕事ぶりを肯定的に評価している‥‥	1	2	3	4
Ｃ．児童生徒から信頼されている‥‥‥‥	1	2	3	4
Ｄ．保護者から信頼されている‥‥‥‥‥	1	2	3	4

問22　あなたが支援スタッフとして働いている理由は何ですか。
　　　あてはまる番号すべてに〇をつけてください。

- [ ] 1．自分の専門性を生かすため
- [ ] 2．これまでの人生経験を生かすため
- [ ] 3．教育や社会に貢献するため
- [ ] 4．収入を得るため
- [ ] 5．子供が好きだから
- [ ] 6．学校が好きだから
- [ ] 7．その他　| 具体的に |

121

■自由記述欄

　支援スタッフの勤務環境や教員との連携の課題について、ご意見などをご自由にご記入ください。

　　　　　　　　　　　　　　　　　これで調査は終わりです。ご協力ありがとうございました。

支援スタッフで学校は変わるのか

教員との協働に関する実態調査から

2018 年 3 月 31 日　初版第 1 刷発行　2018 Printed in Japan

編　著　者	樋口修資・青木純一・坪谷美欧子
表紙・扉装丁	桂川潤
組　　　版	三冬社
発　行　者	岡島真砂樹
発　行　所	㈱アドバンテージサーバー
	〒 101-0003　東京都千代田区一ツ橋 2-6-2 日本教育会館
	TEL 03-5210-9171　FAX 03-5210-9173
	郵便振替 00170-0-604387
	URL http://www.adosava.co.jp/
印 刷 ・ 製 本	株式会社 平河工業社
	ISBN 978-4-86446-050-7